한 권으로 보는 마르크스

한 권으로 보는 마르크스

조너선 울프 지음 김경수 옮김

cum libro
책과함께

한 권으로 보는
마르크스

차례

일러두기

1. 이 책은 조너선 울프의 Why Read Marx Today?(Oxford University Press, 2002)를 완역한 것이다.
2. 이 책에 쓰인 외국 인명과 지명은 외래어 표기법에 따라 표기하였다.
3. 옮긴이 주는 (一 옮긴이)로 본문 안에 표시하였다.

1장

· · · · · · · · · · · · · · · · · ·

서문

1986년 나는 런던대학에서 철학 강사직을 맡았다. 최근 런던대학을 떠나 옥스퍼드대학 교수직에 취임한 나의 스승인 제리 코헨Jerry Cohen이 개설한 강좌였는데, 나는 그곳에서 마르크스주의에 대해 강의하기로 되어 있었다. 나는 마르크스 관련 서적들을 읽고 생각하는 것이 즐거웠으며, 또 이 일을 하게 된 것이 아주 행복했다. 하지만 이 강좌는 결코 오래가지 못할 것이라고 생각했다. 학생들이 이 시대의 지도적인 분석 마르크스주의자인 코헨에게 마르크스주의를 배우는 것은 좋아하겠지만, 그가 대학을 떠남과 동시에 마르크스주의에 대한 관심도 사라지리라고 생각했던 것이다.

어쨌든 내가 틀렸다. 런던대학 철학부에서 마르크스주의 강의는 코헨 교수가 떠난 뒤에도 살아남았다. 그것은 베를린 장벽이 무너진 후에도 살아남았고, 요사이 학생들의 보수화 경향과 경력주의careerism의 한복판에서도 건재하고 있다. 이 코스는 여느 때보다 더 대중적이 되었으며, 특히 3학년생 해외유학 프로그램의 일환으로 런던에 와 있는 미국 학생들에게 인기가 있었다. 이 책은 내가 여러 해 동안 강의했던 내용에 근거하고 있는데, 셸리 콕스Shelley Cox가 제안하고 권유해서 쓰여졌다.

이 책의 초고를 쓴 곳은 코모 호가 바라다보이는 멋진 고급 빌라나 미국의 시설 좋은 연구소가 아니라 런던의 지하철 같은 데다. 특히 북부나 빅토리아 선에서, 기차가 간이역들을 삐걱거리면서 지나갈 때 조그만 노트북에 원고를 치곤 했다. 여러분들도 한 번 해보기 바란다. 기차가 연착되기를 바라는 마음이 저절로 들 것이다. 그것은 아주 만족스러운 바람이기도 하다.

그 뒤 몇몇 친구들이 원고를 읽어주었다. 테렐 카버Terrell Carver, 제리 코헨, 존 파이크Jon Pike, 그리고 라제프 세걸 Rajeev Sehgal 등에게 감사의 마음을 전하고 싶다. 그들은 의미 있는 서면 논평을 해줌으로써 내가 황당한 오류를 범하지 않게 도와주었다. 이 책을 쓰는 동안 다시 뒤로 돌아가 마르크스의 저작을 더욱더 읽어야겠다는, 영원히 채우지 못할 욕구를 느끼곤 했다. 이 책을 읽는 독자들이 그런 나의 마음을 함께 공감할 수 있게 되기를 바란다.

왜 다시 마르크스를 읽어야 하는가?

　1907년 이탈리아 철학자 베네데토 크로체Benedetto Croce는 '헤겔의 사유에서 무엇이 죽었고, 무엇이 살았는가?'를 물었다. 10여 년마다 사람들은 마르크스에 대해서도 같은 질문을 하고 싶어한다. 자, 이제 우리가 물어볼 차례다. 21세기에 접어든 지금, 화형대의 장작더미를 어떻게, 어느 정도 피할 수 있을 것인가?

　나의 대답은 이렇다. "그것은 사람들이 생각하는 것 이상이다." 최근 우리는 마르크스가 우리에게 언급할 만한 가치가 있는 것은 아무것도 남겨놓지 않았다고 생각하고 이를 수용해왔다. 마르크스주의 경향의 정부는 한심한 실패를 거듭해왔다. 그리고 이와 함께 마르크스를 진지하게 다룰 어떤 이유도 사라진 것처럼 보인다. 베를린 장벽의 붕괴는 엄청난 상징적 반향을 불러일으켰다. 그것은 마르크스주의 자체의 몰락뿐만 아니라, 마르크스주의 정치학과 경제학의 몰락으로도 받아들여졌다.

　그러나 '악의 제국'의 종말을 축하하면서 우리는 동유럽인들에게 코뮤니즘을 불어넣어주었던 마르크스주의 사상가들이 '악인'은 결코 아니었다는 사실을 잊고 있다. 오히려 그들은 자신들이 인류를 구원해줄 존재라고 생각했다. 개인적으로 엄청난 대가를 치르면서 그들은 비인간적인 경제사회체제라고 믿었던 자본주의로부터 인류humanity를 해방시키려 했다. 이들이 지닌 미래 사회의 비전과, 현존하고 있는 부르주아 사회가 지닌 오류에 대한 설명 때문에 그들은 축출된 것이다. 긍정적인 비전은 악몽이 되어버렸다(앞으로 보게 되겠지만, 코뮤니즘 정부가 마르크스의 사유에 대한 신뢰할 만한 해석의 산물인가 하는 여부는 다른 문제임에도 말이다). 그러나 코뮤니즘의 실패가 서구의 자유주의적, 민주주의적 자본주의는 괜찮다는 것을 의미하지는 않는다. 그리고 마르크스야말로 특히 현존하는 사회를 비판할 수 있는 가장 날카로운 개념 도구들을 꾸준히 제공해왔다.

우리는 마르크스가 오늘날 반反자본주의 운동의 증조부라고 생각할 수 있을 것이다. 물론 많은 것이 변화했다. 예를 들어, 마르크스는 자연 자원은 무한하다고 생각했던 듯하며, 따라서 그는 오늘날 사람들이 기대하는 것보다 훨씬 더 제한된 정도의 생태학적 관점을 지녔던 것으로 보인다. 그러나 다른 한편, 마르크스는 자본주의 시장이 사회 전반에 침투하면서 모든 것을 시장가격으로 환원시키고 비경제적인 가치형태들을 몰아내고 있는 세계를 그려냈다. 거래관계는 점점 더 확산되어가며 더욱 무자비해져서, 그 과정은 뱀파이어처럼 더욱더 착취가 강화되고 있다. 자본주의 체제에서 진보는 커다란 대가를 치르고서야 도래한다. 1856년 마르크스는 〈민중의 신문Volkszeitung〉 기념식 연설에서 다음과 같이 강조하고 있다.

"오늘날 모든 것은 그 반대의 것을 내부에 품고 있는 듯하다.

기계는 인간 노동을 단축시키기도 하고 풍부하게도 하는 굉장한 힘을 지녔지만 우리는 또 그것을 거덜나게 하고 과로시킨다. 새로이 유행하고 있는 부의 원천은, 약간은 낯선 불가사의한 주문에 의해 욕망의 원천으로 전환된다. 기술은 품격을 잃는 대가로 승리를 손에 넣은 것처럼 보인다. 인류가 자연을 지배하는 것에 발맞춰, 인간은 다른 사람들에게 예속되거나 그 자신의 악명에 사로잡히게 된 것으로 보인다. 과학의 순수한 빛조차 무지의 어두운 배경을 제외하고 비출 수는 없는 것처럼 보인다. 모든 발명과 진보는 지적인 생활에 물질적 힘을 제공하는 것으로 귀결되고, 인간의 생활을 물질적 힘으로 망쳐버린 것으로 드러났다(M. 368)." (여기에 사용된 인용방식에 대해서는 참고문헌과 '깊이 읽기'를 참고하기 바란다.)

이런 것들과 아울러 다른 많은 것들도 더 자세하게 탐구하려고 한다. 오늘날 자본주의에 대한 비판은 아직까지도 마르크스의 저작이 풍부한 광맥을 지닌 고전임을 입증하고 있다.

자본주의의 결함을 찾아내는 것과 우리가 무엇을 해야 하는가는 별개의 일이다(최근 어느 반자본주의 데모에서 한 참가자는 '자본주의를 어떤 멋진 것으로 대체하자'는 피켓을 들고 있었다고 한다). 마르크스라는 창조적 사상가는 엄청나게 낙관적이었으며 세부적인 사항에 대해서는 화날 정도로 애매한 태도를 취하기도 했다. 결과적으로 마르크스는 지금의 사회를 어떻게 재배치

해야 할지도 별로 말해주지 않는다. 그러나 그의 19세기 후반 사회에 대한 비판은 21세기 초인 지금에도 여전히 엄청난 중요성을 지니고 있다. 우리는 그의 해법을 충분히 확신할 수는 없지만, 이것이 결코 그가 제기한 문제가 틀렸음을 의미하지는 않는다. 최소한 나는 이런 것들을 여기서 논증하려고 한다.

하지만 마르크스는 사려 깊게 읽혀야 한다. 그는—당대 경제학자들과 사회이론가들의 기준에 따르면—대단한 문장가로 평가되는데도 그의 텍스트를 읽는 일은 종종 사람을 의기소침하게 만든다. 그의 대작 《자본*Capital*》 1권은 상품의 정의와 본성을 설명하는 건조하기 짝이 없는 글들로 시작한다(그렇지만 인내는 쓰나 그 열매는 달다고 하지 않던가). 그의 초기 작품 〈유대인 문제에 관하여*On the Jewish Question*〉는, 아마도 과거 200년 동안의 정치철학 텍스트 중에서도 가장 중요하고 커다란 영향을 끼친 작품일 텐데, 실제로 우리는 철학적, 정치적 맥락에 대한 기초 지식 없이는 이 작품을 이해하기 어렵다. 엥겔스와 공동 저술했을 《공산당 선언*The Communist Manifesto*》은 그의 저서 중 가장 널리 읽힌 작품일 것이다. 이 작품은 훨씬 접근하기 쉽지만, 그것이 지닌 논쟁적인 어조 때문에 그 작품 속에 담긴 마르크스 사유의 깊이를 정당하게 평가하기 어렵다.

거칠게 말해, 위대한 사상가들의 경우 독자가 이미 저자가 말하고자 하는 것을 알고 있을 때에 그 텍스트가 가장 잘 읽히게 마련인데, 그것은 확실히 마르크스에게도 해당된다. 앞에서 말한 것처럼 기초 지식을 먼저 갖춘 뒤 텍스트를 읽게 되면 그 사상가의 세부적인 생각을 평가할 수 있게 되며, 때로는 미완성으로 남겨진 초고에서조차 거의 숨 막힐 정도의 독창성과 그들의 정신의 품격을 엿보게 된다. 이 단계에 접어들면 독자들은 내 말을 믿지 않을 수 없을 것이다.

이 책에서 다루고 있는 텍스트들 중 많은 부분은 맥렐란 David McLellan이 텍스트를 축약해서 편집한 《카를 마르크스: 선집Karl Marx: Selected Writings》에서 찾아볼 수 있다. 이 책에서 나는 맥렐란 선집 2판의 쪽수를 (M. 123) 식으로 표기하였다.

마르크스의 생애와 작품

마르크스는 1818년 독일 라인란트의 트리어에서 태어났다. 이 지역은 나폴레옹 치하 프랑스에 죽 점령되어오다가, 마르크스가 태어나기 직전에 프로이센에 양도되었다. 유대인이자 변호사였던 마르크스의 아버지는 1816년 반유대인법―나폴레옹의 해방을 무로 돌려버린―이 시행되자 직업과 종교 중 하나를 포기하지 않으면 안 되었고, 결국 기독교로 개종했다. 마르크스는 조숙한 학생이었다. 그가 학생 시절에 쓴 글 중에는 장대한 '마르크스 엥겔스 전집'에 포함되어 출간된 것도 있는데, 인터넷 기록보관소인 www.marxists.org에서도 그 글을 찾아 읽을 수 있다. 오늘날 우리는 이렇게 열일곱 살의 마르크스가 쓴 〈직업 선택에 관한 한 청년의 고찰A Young Man's Reflections on the Choice of a Career〉을 라틴어 원어나 혹은 다른 언어로 번역된 것으로 손쉽게 읽을 수 있게 되었다. 이 에세이는 사람은 선택한 직업에 적응하는 것이 중요하다는 점과 야망을 다방면으로 화려하게 고찰한 다음, 다음과 같이 끝을 맺고 있다.

"우리가 인생에서 인류를 위해 일할 수 있는 자리를 선택한다면, 어떤 짐도 우리를 굴복시키지 못할 것이다. 왜냐하면 그것들은 만인의 이익을 위한 희생이기 때문이다. 인류를 위해 일할 때 사소하고 제한된 이기적인 기쁨 대신, 모든 사람과 함께하는 행복을 누리게 될 것이다. 그리하여 우리의 행적은 조용하지만 영원히 살아 움직이며, 우리의 유골 위에는 고결한 사람들의 뜨거운 눈물이 흘러내릴 것이다."

그가 베를린대학의 법학과 학생이었던 열아홉 살에 아버지에게 보낸 유명한 초기 편지는 웬만큼 알려진 그의 작품들 중에서는 가장 먼저 쓰인 것이다. 이 편지에서 마르크스는 자신이 쓴 엄청난 양의 작품들을 소개하고 있다. 즉 그의 시작詩作들〔예니(Jenny von Westphalen, 후일 마르크스의 부인)가 마르크스에게 받은 첫 세 권의 시들을 모두 망라하여 지칭한 것이다〕, 그의 고전 번역물, 법에 관련된 300쪽의 철학 논문, 그리고 예술과 과학을 통합하는 대화체의 작품, 마지막으로 그가 읽은 거의 믿을 수 없는 양의 법학과 철학 관련 서적들까지. 이리하여 마르크스는 "와병 중 나는 헤겔을, 그의 후계자들 대부분을 포함하여 처음부터 끝까지 알게 되었다"고까지 말하고 있다.

그 외에도 마르크스는 자신이 영어와 이탈리아어를 배우기 시작했다고 보고하고 있다. 편지는 추신으로 마무리되고 있는데, 나는 그 첫 줄을 처음 읽었던 20여 년 전부터 지금까지 인상 깊게 간직하고 있다. "아버지, 저의 악필과 나쁜 문체를 용서해 주세요. 이제 4시가 됐군요. 초는 다 타버렸고 눈이 쓰려요(M. 9~13)." 아마도 이 글을 읽는 사람들은 마르크스가 평생 바꾸지 않았던 작업 방식이 이때 이미 등장하고 있음을 알 것이다.

법학과를 수료하면서 마르크스는 철학 박사학위를 취득하는데, 논문은 그리스 철학자 데모크리토스와 에피쿠로스를 비교하는 것이었다. 그는 학계에서 자리를 잡기 바랐지만, 그의 지식인 동료들은 너무나 급진적이었고, 게다가 무신론자로서는 그곳에서 아무런 희망을 가질 수 없었다. 언론관계 쪽으로 진로를 돌리면서 마르크스는 철저하고도 반정부적인 사고 경향을 지속적으로 추구했다. 그러다 결국 1843년 독일에서 추방되어 프랑스 파리로 이주했다. 그는 거기서 그의 초기 저작들 중 가장 중요한 몇몇의 작품들을 집필했다. 이 시기에 마르크스는 처음으로 엥겔스를 만났다. 이때 엥겔스는 맨체스터의 회사와 독일의 집 사이를 왕래하고 있었다. 파괴적이면서도 혁명적이라고 낙인찍힌 마르크스는 프로이센 정부의 요구에 의해 파리에서도 추방되었다. 1845년 그의 부인과 젖먹이 딸을 데리고 브뤼셀로 이주하면서도 그는 집필을 계속했고 후일 그의 저작들을 지배하게 될 역사와 경제학 관련 개념들을 발전시켜 나갔다.

1847년 말에는 '코뮤니즘이라는 유령이 유럽을 배회하고 있었다.' 마르크스와 엥겔스의 《공산당 선언》(M. 245)은 이렇게 시작하고 있다('무서운 요괴가 유럽을 활보하고 있다'는 영어판의 최초 번역은 그 의미를 왜곡시키고 있다)

1848년 초, 《공산당 선언》이 출간되었을 바로 그때 혁명이 발발했다. 이때 마르크스는 언론활동을 통해서나마 능동적인 역할을 하기 위해 독일로 돌아왔다. 그러나 그 마지막 즈음에 혁명은 실패하고 곧 반혁명이 자리 잡았다. 마르크스는 파리로 돌아간 다음 1849년에 런던으로 옮겨갔고, 거기서 정착하여 나머지 생을 마감한다.

잘 알려진 대로, 이때 마르크스의 생활은 학문적 작업을 중심으로 정치적 모의에 참여하면서, 늘어나는 가족들을 부양하기 위한 기본 생활필수품을 마련하는 데 치중하고 있었다. 슬프게도 여섯 아이들 중 겨우 세 아이만이 가까스로 유아기를 넘길 수 있었다. 프랜시스 윈Francis Wheen이 쓴 최근의 전기는 특히 마르크스가 신용과 대출, 고된 집필 작업으로 버티면서 어떻게 분투했는지를 잘 보여주고 있다. 한 예를 들면, 1850년대에 마르크스는 〈뉴욕 데일리 트리뷴New York Daily Tribune〉의 런던

통신원이 되었다. 사람들은 뉴욕 사람들이 영국에서 일어나는 사건들을 마르크스의 눈을 통해 보게 된 것은 하나의 아이러니라고 자주 이야기한다. 하지만 어떻게 보아도 마르크스의(혹은 자주 마르크스의 이름으로 글을 쓴 엥겔스의) 작업은 훌륭한 것이었다.

1850년대 중반부터 마르크스는 자본주의에 대한 경제적 분석에 집중하면서 몇몇의 간행, 미간행 초고를 써내다가 1867년에 마지막으로 그의 대작 《자본》 1권을 출간한다. 이때부터 마르크스는 경제이론을 정치적 선동과 결합시킨다. 그리고 개인적인 경제적 고통은 1864년에 유산을 받게 됨으로써 얼마간 해소된다.

하지만 건강이 나빠지면서 잠재적 동맹관계에 있던 사람들과 점점 더 논쟁을 벌여 나갔다. 마르크스는 초고를 많이 써놓기는 했지만 결국 《자본》 2권을 완성하지 못했다. 1883년 임종했을 때 그는 실로 많은 양의 초고들을 남겨두고 있었다. 그중 가장 중요한 원고들이 뒤늦게야 비로소 《자본》 2권(1885), 《자본》 3권(1894)으로 출간되었다. 두 책은 엥겔스가 편집했으며, 세 권으로 엮은 《잉여가치론Theories of Surplus Value》은 오스트리아의 마르크스주의자인 카를 카우츠키가 편집하여 1905년과 1910년 사이에 출판하였다. 이 편집된 저작들이 마르크스의 사상에 얼마나 충실한가는 아직도 학문적인 논쟁거리가 되고 있다.

마르크스와 엥겔스 저작의 결정판은 마치 완성되기라도 한 것처럼 MEGA 2판(Marx-Engels Gesamtausgabe, 마르크스 엥겔스 전집)이라고 불리는데, 여기서는 그의 모든 원고들을 원어로 인쇄 출판하도록 계획되어 있다. 애초에 생각했던 분량은 100권 이상이었다. 이에 앞선 독일어판은 정확히 41권만이 출간되어 있다. 영어판은 아직도 진행 중으로 이미 50권 이상으로 늘어났는데, 각 권의 분량만 해도 800쪽 내외이다.

따라서 이 책을 모두 읽는다는 것은 필생의 작업이라 할 것이다. 그만큼 마르크스를 읽는다는 것은 하나의 즐거움이다. 1858년의 한 편지에서 마르크스는 몇 가지 경제 저작들과 관련하여 이렇게 말하고 있다. "내가 일반 대중에게 넘기기 전에 전체 원고를 매듭 지을 시간적 여유와 수단이 있다면, 그동안 해왔던 것처럼 극도로 압축해놓을 것이다(M. 562)."

마르크스의 작업은 수많은 판본이 나와 있고, 여러 언어들로 번역되었는데, 그중 많은 저서들이 구소련이나 중국의 국립 출판사에서 놀랄 만큼 싼 값으로 출간되어 장기간 보급되어왔다. 이제 자본가들도 한몫 끼어들고 있다. 마르크스 사후 100주년이었던 1983년, 수많은 출판사들이 대중성에 힘입어 돈을 벌 수 있을까 기대하면서 새 판본의 《공산당 선언》을 출간했다. 그리고 그것은 베스트셀러가 되었다. 현재 꽤 많은 영어판들이 지속적으로 인쇄되고 있다고 한다. 작업 판본에는 있을 수 있는 모든 것이 다 있다. 나는 《자본》 1권이—1940년대인 것 같다—영어 삽화본으로 나온 것을 본 적이 있다. 이 책은 60개

항목을 정선하여 각 항목마다 표현주의적인 목판화를 그려 첨부했지만, 불행하게도 마르크스주의 경제이론을 60개의 매력적인 이미지로 만들어내는 데는 실패하고 말았다. 가장 중요한 작품들과 소책자들은 이제 디지털 판본으로 www.marxists.org에서 무료로 내려 받을 수 있다. 도대체 (마테오, 요한, 루가, 마르코 등을 제외하고) 마르크스의 저작들이 다른 논픽션 작가들의 작품보다 더 많이 출판될 수 있었던 것은 무엇 때문일까? 나는 그 답을 다른 사람들의 몫으로 남겨놓겠지만, 사실 그 답을 알 수 있을 것 같다.

이 책의 구성

평생의 친구요, 공동 저자이며 때로는 재정 후원자였던 엥겔스는 마르크스의 묘지에서 행한 연설(1883)에서 마르크스의 위대한 업적은 사회 세계Social World에 대한 우리의 이해를 뒤바꿔버린 두 가지를 발견한 것에 있다고 지적했다. 첫째는 '다윈이 유기적 자연의 법칙을 발견한 것과 같이 마르크스는 인류 역사의 발전 법칙을 발견했다는 것이다.' 이것이 역사 유물론의 이론이다. 둘째, '마르크스는 현재의 자본주의 생산양식과 그 생산양식이 만들어놓은 부르주아 사회를 지배하는 특별한 운동 법칙을 발견했다. 잉여가치의 발견은 종래의 모든 탐구가

(······) 암중모색하고 있던 (······) 문제에 밝은 빛을 던져주었다.' 이것이 바로 잉여가치론이다.

이런 두 가지 생각의 단초는 마르크스가 아직 20대였던 1840년대에 쓰인 몇몇 초기 저작에서 이미 나타난다. 이러한 생각은 마르크스가 작업했던 전 기간에 걸쳐 정련되고 발전된다. 앞으로 좀 더 상세하게 보겠지만, 그것은 그의 성숙한 사상을 지배하고 있다.

마르크스의 초기 저작은 훨씬 많은 것들을 포함하고 있다. 그의 야망과 관심은 엄청났다. 그리고 이들 작품에서는 마르크스가 후기에 가서는 거의 언급하지 않고 있는 종교 같은 주제들도 논의되고 있다. 마르크스는 비록 자신이 제기한 논제 중 몇몇에 대해서는 더 이상 관심을 보이지는 않았지만, 그렇다고 해서 우리도 꼭 그래야 하는 것은 아니다. 그리고 몇 가지 흥미로운 주제들은 초기 작품에서만 언급되기도 했다.

우리가 보통 '초기 작품'—1845년 혹은 그 이전에 쓰인 작품들—이라고 부르는 것들 가운데 약간만이 마르크스가 살아 있던 시절에 출간되었다. 미출간 작품들 중 가장 중요한 것은 1844년의 초고인데, '파리 초고' 또는 '경제철학 초고' 등 여러 가지 이름으로 불린다. 그런데 이러한 여러 명칭이 우리의 궁금증을 풀어준다. 예를 들어 집필 장소, 연대, 그리고 주제 등의 정보를 알 수 있는 것이다. 이 작품은 마르크스의 독서 노트와 그와 관련된 성찰 등으로 구성되어 있는데 상당히 지적으로 자극받고 흥분된 가운데 쓰인 것이다. 크게 보아 이 작품들은 자기이해를 목적으로 하고 있지만, 우리에게는 발굴되어야 할 보물과도 같다. 마르크스의 초기 저작은 이 책 2장의 주제이다.

우리는 2장에서 마르크스가 부르주아 사회를 소외된 세계로 묘사하는 것을 보게 될 것이다. 3장은 엥겔스가 확인한 생각들을 채택하였다. 마르크스의 경제 분석과 역사이론이 그것으로, 여기에는 자본주의는 반드시 그 종말을 맞이한다는 예언이 포함되어 있다. 이것들이 내가 말했던 것처럼 마르크스의 성숙한 체계의 중심을 이룬다. 4장에서는 우리의 중심 주제, 왜 우리는 오늘날 마르크스를 읽어야 하는가에 대한 답과 함께 전체적인 평가를 내리려 했다. 여기서 우리는 마르크스의 거대 이론을 포기해야 하지만, 아직도 거기에는 배울 것이 많이 남아 있음을 논증할 것이다.

그렇지만 한 가지 짚고 넘어가야 할 것이 있는데, 내가 보여주려는 마르크스의 상은 마르크스 작품에 대한 엥겔스의 이해와 설명에 많은 영향을 받고 있다는 사실이다. 마르크스가 혼자 집필한 작품뿐 아니라, 엥겔스와 공동으로 집필한 텍스트(《독일 이데올로기》,《공산당 선언》)도 다루었으며, 마찬가지로 엥겔스 혼자 쓴 중요한 작품(《공상적 사회주의와 과학적 사회주의》)도 고려했다. 그리고 이미 말했듯이 마르크스의 가장 위대한 업적에 대한 나의 설명은 마르크스의 묘지에서 행한 엥겔스의 연설(이것은 엥겔스가 몇 년 전에 쓴 마르크스에 대한 좀 더 긴 논문에서 유래한다)에서 따온 것이다.

마르크스를 엥겔스의 눈으로 이해하는 방식은 전혀 새로울 게 없다. 왜냐하면 그것은 마르크스가 살아 있을 때부터 시작되었으며, 아직도 중단되지 않았기 때문이다. 어쨌든 학자들은 항상 마르크스와 엥겔스의 관점 사이에서 그 차이를 찾고 있다.

나는 엥겔스가 마르크스 사후에 쓴 작품들은 마르크스 본래의 사유로 나아가는 데 실질적인 도움을 거의 주지 못한다고 생각하고 있다. 그래서 어떤 의미에서는 마르크스에 대한 해석은 여전히 열려 있다고 할 것이다. 그러나 어쨌든 우리는 어디서부터이건 출발은 해야 한다. 나는 여기서 무엇보다도 엥겔스화된 마르크스—전통적인 독법—에 깊은 관심을 갖고 있다.

2장

초기 저작들

들어가는 말

마르크스 초기 저작의 주요 주제는 당대 자본주의 사회가 인간의 소비활동에 썩 적절한 제도가 아니라는 사실이다. 그것은 인간의 정신을 짓밟으며, 대부분의 민중들에게서 그들이 지닌 참된 잠재력을 발전시킬 기회를 박탈하는 것이다. 마르크스는 현존하는 어떤 이론가도 인간의 도덕적, 사회적 퇴락에 대한 막연한 불안을 정확하게 진단하지 못했다고 생각했다. 그리하여 대중들의 절규가 계속되고 있었지만 누구도 그들을 치유할 밑그림을 그릴 수 없었던 것이다. 마르크스는 자신이 좀 더 잘할 수 있으리라고 믿었다.

먼저 우리는 마르크스의 사상을 추적하기 위해 마르크스에게 직접적인 영향을 끼쳤던 철학적 선배들이 행한 종교 비판을 살펴보는 데서 시작하고자 한다. 그리고 마르크스가 소외와 소외된 노동의 개념을 발전시키고 이를 적용함으로써 이 개념들이 어떻게 사회에 대한 체계적 비판으로 탈바꿈하는지를 알아볼 것이다. 이 과정을 통해 우리는 또한 마르크스에게 노동이 왜 그토록 중요한 의미를 가졌는지를 이해하게 될 것이다.

끝으로 우리는 마르크스가 왜 자유주의 체제에서 누리기를 희망하는 그런 종류의 권리만으로는 진정한 인간 사회를 이룩하는 데 충분하지 않다고 생각했는지도 보게 될 것이다.

이리하여 본질적으로 우리는 마르크스 초기 저작에서 상호관련된 세 가지의 관점을 살펴보고자 한다. 즉, 당대 사회의 병폐에 대한 그의 진단, 현존하는 이론에 대한 비판, 그리고 그가 찾아낸 문제에 해답을 제공하려는 시도 등이 그것이다.

종교는 민중의 아편?

청년 마르크스의 저작들이 우리에게 그토록 어렵게 다가오는 이유 중의 하나는 다음과 같다. 이 작품들은 독자들이 19세기 초의 독일 정치와 철학에 정통하다고 가정하고 쓰였기 때문이다. 이것은 더 이상 편안한 가정이 아니다. 나에게도 그것은 두려운 것이다. 나는 앞에서 마르크스의 생애를 설명하면서 독일의 정치적 상황을 스케치했다. 그러나 불행하게도 당시의 독일

철학이라 하면 헤겔과 그의 직접적인 계승자들의 철학을 의미했다. 헤겔은 서구에서 가장 어려운 철학자란 명성이 결코 과장이 아니어서 많은 학자들이 그의 복잡한 사유의 덤불에서 헤어나지 못했다. 그런 만큼 독자들도 이 책이 헤겔의 사상체계 전부를 요약하려는 것이 아님을 안다면 마음을 푹 놓을 수 있을 것이다.

마르크스 사유의 이해에 꼭 필요한 배경을 소개하기 위해 헤겔 사유의 한 관점만은 살펴볼 필요가 있다. 또한 이것이 청년헤겔파라고 불리는, 대부분이 마르크스의 친구이자 동료였던 일군의 철학자들의 저작에서 어떻게 다루어졌는지를 살펴보아야 할 것이다. 그러나 이 사상가들은 헤겔의 의도와는 아주 거리가 멀었다고 해야 할, 상당히 급진적인 테마를 다루기 위해 헤겔에서 영감을 얻었다. 이 가운데 우리는 특히 '청년헤겔파 신학 논쟁'이라고 알려지게 된 것에 주의를 기울일 필요가 있다.

먼저 전통 신학에서 제기된 질문에서 시작해보자. 신은 왜 세계를 창조했는가? 사실 이것은 다음의 당돌한 질문보다는 훨씬 더 나은 것이다. 즉, 신은 왜 세계를 창조하려고 애를 썼는가? 세계는 결국 사악함과 고통으로 넘치고 있다. 만일 신이 완전하고 자족적이라면, 왜 그는 자기 자신 외부에, 세계처럼 불완전한 어떤 것을 만들어놓았다는 사실은 말할 것도 없고, 도대체 왜 무엇인가를 창조하는 성가신 일을 했는가?

오랫동안 신학자들은 이 문제와 싸워왔다. 헤겔은 기발한 답을 내놓고 있다. 즉, 신이란 단순히 세계가 없다면 신으로 존재할 수 없다는 것이다. 이는 지배자가 되기 위해서는 지배 대상을 필요로 한다는 것으로, 사소한 논리적 지적이 아니다. 그보다 이 지적은 헤겔 철학을 가로지르는 보편적인 테마에 근거하고 있다. 많은 경우, 행위자들은 그들이 '타자'를 만나기 전까지는, 또 만나지 않는 한, 자기 이해에 도달할 수 없다. 따라서 신은 다른 행위자(동인)들과 마찬가지로 자기 자신을 신이 아닌, 외부 사물의 관점에서 규정할 필요가 있다. 세계에 관여하고, 상호작용함으로써 신은 비로소 자기 자신에 대한 지식을 얻을 수 있다. 따라서 인간 역사에 대한 지식은 자기 인식에 이른 신의 이야기와 같다. 헤겔주의적인 '정신Geist'에 대한 관념, 거칠게 말해 '시대정신'은 '신의 자기 이해의 현재 수준'이다.

헤겔의 맥락에서, 과정이란 그 완성에 가까이 가는 것이다. 왜냐하면 이 사실만이 그로 하여금 진리를 이해하도록 해주기 때문이다. 선대의 사상가들은 헤겔이 생각했던 바와 같이 생각할 입장이 아니었다. 그 이유는 신의 자기 의식이 충분히 전개되지 못했기 때문이다. 따라서 이것이 의미하는 바는 다음과 같다. 즉, 유대교와 같은 다른 종교들은 미성숙한 시대의 쓸모없는 유물인 반면, 기독교는 (적절하게 이해되었다면) 절대적 진리로서 기술되고 있다. 결과적으로 헤겔주의는 확고한 종교적 헌신의 형태를 함축하고 있는 것처럼 보인다.

청년헤겔파들은 이런 기독교에 대한 주장을 받아들일 수가 없었다. 최초의 주요 진전은 1835년에 출간된 다비드 슈트라우스David Strauss의 《예수의 생애The Life of Jesus》이다. 이것은 청년헤겔파들의 다른 몇 작품들과 마찬가지로 영어로 번역되었는데, 역자는 메리 앤 에번스Mary Ann Evans로 그녀는 오히려 소설가 조지 엘리엇George Eliot으로 더 유명하다. 복음이 절대적 진리를 대표한다는 헤겔주의적인 학설과는 달리, 슈트라우스는 놀랍게도 다음과 같이 제안하고 있다. 즉, 신약은 구약 모델에 따라 해석해야 한다는 것이다. 말하자면, 건국 신화의 일종이라는 것이다. 슈트라우스는 복음이란 유사성과 차이를 살펴볼 때, 구술 전통을 문자로 기록하려는 시도라고 생각했다. 결론적으로 복음이란 역사 기록이 아니라, 민간 전승물이라는 것이다.

슈트라우스의 저서는 많은 논쟁을 불러일으켰지만 공격의 날은 부르노 바우어Bruno Bauer의 《공관복음서 저자들에 관한 복음서 역사 비판Kritik der evangelischen Geshichte der Synoptiker》(3 Vols. 1841~1842)의 출간으로 무뎌져버렸다. 바우어는 텍스트에 대한 치밀한 지식을 기반으로 복음서는 민간 전승물이 아니라고 결론 내렸다. 그가 논증하고 있는 것은, 이보다는 다른 복음서들이 마르코복음에서 유래한다는 사실이다. 이리하여 우리는 하나의 구전적 전통이란 자명함 대신에 문자화된 단일한 이야기를 다시 써내려간 세 가지 시도들을 가지고 있는 셈이며, 후세에 가서 4개의 복음서는 함께 결합되어버렸다는 것이다. 이것이 진실이라면, 기독교는 단순히 하나의 환상일 따름이며, 그것을 믿는 사람들은 얼뜨기가 되고 만다.

그러나 그것이 환상에 지나지 않는다면, 왜 기독교는 그렇게 인기를 얻고 있는 것일까? 루트비히 포이어바흐Ludwig Feuerbach는 《기독교의 본질The Essence of Christianity》(1841)에서(이 책 역시 조지 엘리엇이 영어로 번역했다) 이에 대해 설명하면서 결정타를 날리고 있다. 포이어바흐는 많이 다루어졌던 주제를 부활시키면서 인간이 왜 신을 닮았는가 하는 이유에 대해 신이 인간을 자신의 이미지로 창조했기 때문이 아니라, 인간이 신을 인간의 이미지대로 창조했기 때문이라고 주장한다.

고대 그리스 사람들에게는 벌써 알려져 있던 주장이기는 하지만, 프랑스 계몽주의 철학자이며 법 이론가인 몽테스키외가 그의 풍자적인 《페르시아인의 편지 모음Persian Letters》(1721)에서 이를 유쾌하게 논의하고 있다. 그는 이 편지에서 페르시아인 여행자들과 프랑스인 호스트 사이에 벌어진 대화들을 멋들어지게 설명하고 있다. 기억해두어도 좋을 멋진 구절을 소개해보자.

한 프랑스 사람이 친구에게 아프리카를 여행한 이야기를 자세히 하면서, 아프리카 예술과 조각들이 신을 뚱뚱한 흑인 여성—하늘이 금지하고 있는—으로 묘사하고 있는 것을 보고 커다란 충격을 받았다고 했다. 이는 아프리카인들이 신이란 멋지게 늘어뜨린 예복을 입고 흰 수염이 있는 나이 지긋한 백인 프랑스 남자라는 사실을 알았어야 했다는 의미다(그런데 몽테스키외는 신이 영국인이라는 것을 몰랐을까?). 그러자 그의 친구가 한마디 하기를, '만일 삼각형에게 신이 있다면, 그 신은 세 변을 가졌을 것'이라고 했다는 얘기는 잘 알려져 있다. 이것이 본질적으로 포이어바흐의 논점이다.

포이어바흐는 우리 인간은 사유 속에서 인간을 무한한 수준으로까지 끌어올릴 수 있는 어떤 힘을 스스로 지니고 있는데, 이를 통해 모든 완벽함을 체현하고 있는 어떤 존재를 우리 밖에 창조했다고 보았다. 말하자면, 이런 신은(인간 존재가 약간 알고, 약간 능력이 있으며, 약간은 선한 것과는 구분되는 존재로서) 전지전능하며, 지고至高 지선至善하다.

그러나 우리는 인간으로 존재하는 바의 탁월함을 음미하고, 그것들을 스스로 즐기기보다는 우리의 상상에서 빚어진 허구의 산물에 복종한다. 포이어바흐의 관점에서 이것은 우리의 주의와 창조적 권능의 물꼬를 다른 곳으로 돌림으로써 참된 인간 생활을 영위하거나 참된 인간 사회를 만들지 못하게끔 한다는 것이다.

따라서 포이어바흐에 따르면, 선대의 사상가들을 넘어서서 인간은 종교를 포기하고 대신 급진적인 휴머니즘을 받아들여야 한다는 것이다. 말하자면, 그것은 인간의 참된 권능을 이해하고 향유하면서 축복하는 것으로, 그 결과 인간은 지구상에 최초로 순수한 공동체를 만들 수 있게 된다는 것이다.

이것이 마르크스가 집필하고 있을 때 논쟁이 도달한 지점이었다. 그리고 이것이 마르크스가 1843년에 《헤겔 법철학 비판을 위하여: 서문Towards a Critique of Hegel's Philosophy of Right, Introduction》을 쓰면서 "종교 비판은 본질적으로 완결되었다"는 말로 시작했던 이유이다(M. 70). 이 모든 것들은 물론, 세부까지 들어가 더 깊이 살펴보려고 하지 않은 채, 그저 "인간은 초인을 찾고 있었던 저 천상의 상상적 현실에서 오로지 그 자신의 반영물만을 발견한다"라고 되뇌는 청년 마르크스의 독자들이 공유하고 있는 지식이기도 했다. 우리는 슈트라우스, 바우어, 그리고 포이어바흐에 관한 지식 없이는 그런 주장의 의미를 이해할 수 없다.

그 당시 마르크스는 분명히 인간이 신을 자신의 이미지대로 고안해냈다는 포이어바흐의 주장을 수용하고 있었다. 이것이야말로 그것을 믿는 사람들에게는 명백히 진실되면서도 우리를 해방시켜주는 눈부신 통찰처럼 보이겠지만, 그렇지 않은 사람들에게는 조잡하고도 모욕적이면서 위험하고 그릇된 주장 중의 하나다.

그러나 한 가지만은 분명히 확인할 수 있을 것이다. 마르크스가 종교의 '가면을 벗겨내'려고 하는 사람들과 공감하고 있다는 사실이다. 그리고 우리는 이런 논쟁의 의미가 아카데믹한 신학의 범위를 넘어서고 있다는 것에 주목해야 한다. 왜냐하면 종교를 공격하는 것은 종교에 근거하고 있다고 여긴 당대의 정치적 권위를 공격하는 것이었기 때문이다. 이것이 청년헤겔파들의 무신론이 대단한 위협으로 등장하는 이유이며, 왜 그들에게 한 개인으로서 관대할 수 없었는지에 대한 이유이기도 하다.

어쨌든 마르크스는 포이어바흐의 관점에 만족할 수 없었다. 진리가 드러나고, 종교가 협잡 그 자체로 밝혀지자, 포이어바흐는 대체로 그의 작업이 완수되었다고 느꼈다. 진리는 사람에서 사람으로 전이되지만, 종교는 맹렬한 지적 비난을 견뎌낼 수 없었다. 그것은 사라질 것이며, 인간 존재는 전적으로 그들의 '유적 본질species-essence'—그들의 진실로 인간적인 속성—을 정신적 혼란 없이도, 그리고 실로 신이란 장애 없이도 즐길 수 있게 될 것이다.

마르크스는 이것이 피상적인 분석이라고 생각했다. 포이어바흐는 종교의 현상을 이해하고는 있지만, 그 원인을 제대로 찾지는 못했다는 것이다. 왜 종교가 존재하게 되었는지를 알지 못한다면, 우리는 어떻게 그것이 사라질 수 있다는 것을 안다는 말인가? 마르크스는 근본적으로 인간 존재가 종교를 고안해 냈는데, 그 이유는 단지 그들의 지상에서의 삶이 너무 형편없고, 빈곤에 찌들었기 때문이라고 주장한다. 이것이 바로 그의 악명 높은 주장, '종교는 민중의 아편(M. 72)'이란 말의 맥락이다.

현대의 어떤 독자들에게 이것은 종교를 그렇게 나쁘게 생각하게 만드는 말이 아니다. 분명 종교에는 기분전환의 쓰임새가 있기는 하지만 종교의 으뜸가는 기능은 위안이다. 예를 들어 마르크스가 후기 저작 《자본》에서 여러 번 드는 예가 있다. 즉, 아이에게 젖을 먹여 키우는 어머니가 공장의 생산라인에 일찍 복귀해야 하는 것 때문에 생기는 문제를 진정제를 사용해서 굶주린 아기의 지각을 잃게 하는 방식으로 해결하고 있다는 것이다. 특히 마음을 어지럽게 만드는 어느 주석에서 마르크스는, 면방직공들의 건강상태를 보고하기 위한 스미스 박사의 랭커셔 방문을 묘사하고 있다. 이 방직공들은 미국에서 일어난 남북전쟁 때문에 면화 위기를 맞아 실직상태에 있었다. 스미스 박사는 "위기에는 몇 가지 이점이 있다"고 정부에 보고했다. 여성들은 이제 "진정제로 젖먹이들을 독살하지 않고, 대신 젖먹이들에게 젖을 물릴 여유를 갖게 되었다"는 것이다(자본 518).

다른 주석에서 마르크스는 1864년의 공중보건 보고서를 인용하고 있다. 이 보고서는 진정제를 먹은 젖먹이들이 "조그만 노인으로 오그라들었으며", "작은 원숭이처럼 여위었다(자본 522)"고 말하고 있다.

요컨대, 이런 은유를 이해하려면 우리는 마약의 세 가지 형태를 이해해야 한다. 첫째, 마약은 그것을 복용한 사람에게 어떤 도취감을 불러일으킨다. 둘째, 마약의 보통 용도는 기분전환이나 질병, 고통, 배고픔, 혹은 다른 형태의 압박을 덜어주는 것이다. 셋째, 마약을 정기적으로 사용하는 것은 매우 파괴적인 결과를 불러온다. 최소한 마약은 사용자가 정상적인 삶의 방식으로 살아가지 못하게 만든다.

마르크스의 은유를 이해하기 위해서 우리는 종교가 위안을 가져다주어야 한다는 생각에서 생긴 불행을 이해해야 한다. 이 것은 일상생활에 대한 고문이다. 다시 말해 그것은 산업화의 귀결로, 노동자들에게 그토록 많은 것을 약속했음에도 (곧 상세 히 살펴보게 될 것처럼) 엄청난 대가를 치르게 하고 있다.

본질적으로, 마르크스가 우리에게 말하고 있는 것은 포이어 바흐가 퇴락에 대한 깊은 불안의 징후를 전해주고는 있지만, 불안 그 자체를 이해하기 위해서는 아무것도 하지 않았다는 것 이다. 종교를 고안해낸 것은 단순히 불행한 실수가 아니라, 지 상에서의 삶이 보여주고 있는 빈곤에 대한 반응이라는 것이다. 마약을 제거하는 것은 우리에게 그저 발가벗겨진 고통만을 남 겨줄 따름이다. 우리는 아직 '세속의 기지'인 세계가 지니고 있 는 결함을 이해하고 그것을 없앨 필요가 있다. 마르크스는 바 삐 메모해놓은 〈포이어바흐에 관한 테제 *Thesis on Feuerbach*〉에 서 내가 막 설명한 논점을 다음과 같이 이야기하고 있다.

"포이어바흐는 종교적인 자기 소외와, 세계가 종교적 세계와 세속적인 세계로 이원화된다는 사실에서 출발하고 있다. 그의 작업은 종교적 세계를 그것의 세속적 토대로 해소시키는 것이 다. 그러나 세속적 토대가 스스로 그 자신으로부터 분리되어 나와, 구름 속의 독립적인 영역으로 정립한다는 것은 이런 세속적 토대 내부에 있는 틈새와 자기 모순으로만 설명될 수 있다. 때문에 후자는 본질적으로 그것이 지닌 모순에 근거하여 이해되어야 하며 실제로 혁명화되어야 한다(M. 172)."

우리는 먼저 이 세계에서 종교와 종교적 소외가 발생한 조건들을 먼저 이해하고 제거하기 전까지는 우리 자신에게서 그것을 결코 제거하지 않을 것이다. 원인이 제거되고 질병이 치료되면 종교라는 징후는 저절로 시들어버리게 될 것이다. 이것이 핵심적인 논점이다. 종교란 그 자체를 억압하거나 철폐할 수 없다. 적절한 조건하에서 그것은 스스로 사라진다. 마르크스가 논증하는 원인과 질병은 다른 어떤 종류의 소외로, 무엇보다도 소외된 노동이다. 이를 충분히 이해하기 위해서는 마르크스의 철학적 배경을 조금 더 살펴볼 필요가 있다.

역사 유물론의 철학

마르크스의 초기 저작에 나타난 철학적 관점을 이해하기 위해서 우리는 긴 호흡으로, 언뜻 보기에는 연관성이 전혀 없는 듯한 영역을 지나가야 할 필요가 있다. 이런 일들은 나를 기쁘게 하며, 우리는 재빨리 이 일을 처리해 나갈 것이다.

우선 우리는 아주 일반적이지만, 애매하기조차 한 문제부터

짚어볼 필요가 있다. 인간 주체와 세계 간의 관계의 토대는 무엇인가? 이에 대한 가장 유명한 대답 중의 하나가 데카르트의 것이다.

그에 따르면 인간의 정신은 사유를 그 특징으로 하며, 물질 세계의 본질은 '연장extension'으로, 어떤 공간 내에 위치하는 것을 그 본질로 한다. 따라서 정신과 세계는 근본적으로 분리되어 있다. 우리는 다른 모든 것들의 실존은 의심할 수 있겠지만, 사유하는 사물로서 자신의 실존은 확신할 수 있을 것이다. 그러나 이런 관점에 설 때 우리는 어떻게 자신의 정신 밖에 있는 것을 인식할 수 있을까? 외부세계가 실존하지 않는다면 어떻게 나는 지식을 얻을 수 있는가? 널리 알려져 있듯이 데카르트는 '기만하지 않는 신'에 호소함으로써 간신히 논의를 전개할 수 있었다. 그러나 상식적으로 보아도 신 증명이 부인된다면 우리는 순수한 주관성의 세계 안에 사로잡혀 있는 느낌일 것이다.

그 반대편에 등장한 것이 토머스 홉스Thomas Hobbes의 유물론이다. 홉스는 인간 존재를 단순히 물질적 세계의 한 부분으로 여겼다. 그런 개념의 틀에서 사유는 단순히 '내적인 움직임'일 따름이다. 인간 존재는 다른 모든 존재들과 마찬가지로, 자연의 법칙에 의해 통제된다. 그리고 철학적 문제들은 본질적으로 과학적 문제들이 된다.

이제 우리의 논제는 이것이 데카르트적인 회의주의에의 답이 되는지 아닌지가 아니라, 홉스주의적인 그림 자체 내부에서 야기되는 어려움이다. 왜냐하면 우리가 운동하고 있는 분자에 지나지 않는 저 과학적 세계를 수용한다면, 합리성과 도덕성, 또원한다면 인간의 자유란 관념에 어떤 공간이 더 남아 있는지 알 수 없기 때문이다.

도덕성에 대한 홉스의 설명을 검토해보자. 사람들은 그들이 욕구하는 그런 것들을 '좋다'고 하는데, 욕구란 것은 내면적 운동이다. 그렇기 때문에 도덕성은 운동으로 환원되는 것처럼 보인다.

수미일관한 유물론자는 합리성, 도덕성, 그리고 자유의 관념들을 포기할 준비가 되어 있기는 하겠지만, 이것은 유물론적 사회 비판을 커다란 어려움에 빠뜨린다. 영국의 유토피아 사회주의자였던 로버트 오언Robert Owen에 대한 마르크스의 비판을 살펴보기로 하자.

오언은 비상하게 풍부한 〈포이어바흐에 관한 테제〉에서 (이름이 직접 거론되지는 않았지만) 대단히 간략히 논의되어 있기도 하다. 오언은 인간 존재가 단순히 환경의 산물이며, 그러한 환경의 변화가 인간 행동을 변화시키기 위해 필요하다고 주장했다. 이런 관점은 자주 마르크스의 관점이라고도 생각되어왔는데, 사실은 그렇지 않다.

오언은 19세기 사회주의자들 중에는 거의 유일하게도 그의 이상 중 몇 가지를 실천해볼 기회를 가지고 있었다. 정치가는 아니었지만 뉴래너크 면방직 공장의 경영주였기에 자신이 고용한 노동자들의 환경을 변화시켜볼 절호의 기회를 가지고 있었다. 그는 이를 대단히 효과적으로 수행했다. 그의 공장 노동자들은 다른 곳보다 월등히 좋은 작업 조건을 누렸으며, 생산성도 크게 향상되었다. 그의 방법은 버젓한 주택, 최초의 보육원, 노동 시간 단축(정확히 10시간 30분) 등을 포함하고 있었다. 특히 중요한 것은 공장 내에서의 혁신이었다. '침묵의 표시기'가 좋은 예다(한때 뉴래너크 공장의 선물가게에서 그 복제물을 구할 수 있었다. 지금은 박물관이 되었다).

"이것은 네 변을 가진 나무 조각으로 만들어져 있는데, 약 2인치 길이에 1인치 넓이로, 각 변이 채색되어 있다. 네 변은 각각 검은색, 푸른색, 노란색, 흰색으로, 위로 갈수록 가늘어지면서 양변이 전면을 향한 채 고리에 걸 수 있도록 철사 귀로 마감되어 있었다. 이중 하나가 노동자들 각자에게 가깝고 보기 쉬운 장소에 매달려 있었다. 그리고 전면의 색채는 각각 특정 상황을 유추해주는 네 단계로 구분되어 있었다. 이는 전날의 각 개인의 행동을 나타내는 것이다. 나쁨은 검은색, 보통은 푸른색, 좋음은 노란색, 우수함은 흰색으로 표시되었다."

검은색이나 푸른색의 성과를 낸 종업원들을 처벌하는 대신 주임들을 시켜 그들의 작업을 감독하게 하고, 오언은 매일 공장 안을 걸어서 돌아다녔다. 그리고 침묵의 표시기들을 검사했는데, 누구에게도 그것에 대해 말하지 않았다. 노동자들의 작업 성과는 눈에 띄게 좋아졌다. 오언은 다음과 같이 언급하고 있다.

"아마 인류 역사상, 그렇게 단순한 장치가 그렇게 짧은 기간 내에 엄청난 무지와 실수 그리고 불행에서 벗어나 그렇게 많은 질서와 덕, 그리고 선과 행복을 창출한 적은 결코 없을 것이다(Morton, 98~99, 1969)."

오언의 현대판 편집자는 이렇게 지적하고 있다. "사람들은 자주 오언이 종업원들을 어린아이처럼 취급했다고 이러쿵저러쿵 말한다. 이 말에는 일말의 진실이 들어 있기는 하다. 하지만 무엇보다도 기억해야 할 것은 그 노동자들의 상당수가 실제로 어린이였다는 사실이다."

오언이 그 방법을 써서 불행의 한복판에서 덕을 행했다 하더라도 그의 공장 노동자들을 열등한 존재로 다루었다는 비판은 그의 도덕성에 흠집을 낸 것처럼 보인다. 이것은 우리에게 마르크스 자신의 비판을 생각나게 한다. 오언은 노동자들의 환경을 변화시킴으로써 그들을 변화시키려고 했다. 왜냐하면 유물론에 따르면 사람들은 전적으로 환경에 의해 결정되기 때문이다.

그러나 우리는 오언의 행동을 어떻게 설명할 수 있을까? 확실히 그 역시 환경의 산물로서―그가 속한 계급의 사람들과 똑

같이—오언은 부끄러움 없이 자신의 노동자들을, 어떤 자존심 있는 관리자가 했을 것처럼, 착취했다. 그렇다면 어떻게 그는 독특하게도 결정론의 족쇄를 벗어던질 수 있었을까? 오언은 스스로 그 문제를 인정하고 다음과 같이 생각했다. 즉, 운 좋게도 소수 개인적인 천재들 계급이 있는데, 이들은 동일한 수준의 결정론에 종속되지 않는다는 것이다.

그러나 결정론이 진실이라면 이는 결코 가능하지 않다. 폐부를 찌르는 마르크스의 분석은, 오언이 사회를 반드시 두 계급으로 나누어, 한 계급은 사회보다 우월하여 대중의 환경을 변화시킬 수 있다고 생각한다는 것이다. 그렇다면 오언의 유물론은 일관적이지 못할 뿐만 아니라, 어떤 의미에서는 엘리트주의적이다.

이 때문에 마르크스는 오언과 그 밖에 다른 사람들의 소박한 유물론을 거부한다. 그렇지만 근본적인 철학적 관점에서 보면 오언의 유물론의 가진 주요 난점은 우리가 데카르트에서 보았던 것과 같은, 정신과 세계에 대한 심상을 공유하고 있다는 것이다.

이런 관점을 보통 지각이론이라고 한다. 말하자면 정신은 외부 세계에서 자료를 받아 이를 기록하는 카메라와 같다는 것이다. 이를 우리는 지각의 표상이론, 혹은 대응이론이라고 부를 수 있다.

이제 이런 것들이 별로 나쁠 것이 없으리라고 생각될 것이다.

이것은 정신이 하는 일이 아닌가? 하지만 마르크스가 보기에 그것은 본질적으로 수동적인 설명이다. 인간이 자연과 그들이 보고 있는 세계를 변화시킬 수 있는 능동적인 존재임을 잊고 있다는 것이다. 한 사람이 세계 안에서 볼 수 있는 사물들의 대부분은 단순히 '거기에' 존재하는 것이 아니다. 그것들은 어떤 방식으로든 인간 노력에 의해 창조되었거나, 또는 최소한 형태가 변화된 대상들이다. 따라서 인간은 세계 내에서 능동적으로 존재하며, 단지 주변 세계를 수동적으로 받아들이는 것이 아니다.

마르크스는 철학적 관념론자들, 그중에서도 특히 칸트에게 찬사를 전한다. 왜냐하면 그는 이런 진리를 인정하고, 그것을 신비화하기는 했지만 체계적으로 전개한 최초의 철학자이기 때문이다.

우리는 칸트의 인식론의 몇 가지 중심 요소를 살펴보고, 마르크스가 무슨 생각을 했는지를 알아볼 것이다. 칸트의 가장 혁신적인 사상은 인간의 정신이 실재에 부과하는 범주와 직관을 통해 세계를 구조화한다는 데 있다. 따라서 칸트에게 공간과 시간은 우리 외부의 세계에 존재하지 않는, '감각의 형식'이다. 우리는 지각을 조직하고 개념화하기 위해, 지각 속에 있는 실재에 이 형식을 부여한다. 우리는 사물들이 시간과 공간 속에서 연결되어 있다고 본다. 그 이유는 오로지 인간 정신이 그런 식으로 보도록 구성되어 있기 때문이다. 그래서 이런 의미에서 볼 때 인간 정신은 능동적이다. 인간 정신은 자기를 둘러싸고 있는 세계의 주요 국면을 창조한다. 상당한 정도에 이르기까지 세계는 인간의 구성물이다.

마르크스가 생각하기에 칸트가 '신비화시켰다는' 그런 근본적인 통찰에 의하면, 인간은 최소한 부분적으로라도 자신이 지각하는 세계를 창조한다. 그러나 마르크스는 헤겔이 가한 몇 가지 중요한 비판을 수용한 다음, 헤겔을 비판하면서 칸트의 입장도 거부한다. 칸트에 대한 헤겔의 여러 비판 중에서도 다음 두 가지가 가장 의미 있을 것이다.

먼저 칸트에게 정신은 보편적이면서 몰역사적인 특징을 지니고 있다. 정신의 근본 구조는 어떤 연령이나 장소에서도 동일하다. 이와는 대조적으로, 헤겔은 인간 정신이 시간을 두고 발전해 나간다고 주장한다. 그리고 이것은 다른 문화들 가운데에서도 동시에 존재하며, 다른 단계의 발전에 도달할 수 있다고 주장한다. 두 번째는 더욱 중요한데, 정신이 세계와 상호작용하면서 발전해 나간다는 것이다. 이것이 '변증법적 과정'이다. 정신이 세계의 의미를 파악하고 이해하려고 노력할 때 정신은 훨씬 더 풍요롭고 고도로 세련된 개념들을 발전시킨다. 그리고 그것이 그런 고차원의 개념들을 창출할 때, 그것은 자기 자신을 변화시킨다. 그러나 헤겔의 관점도 정신이 세계를 만든다는 관념론의 형태를 띠고 있다. 정신이 변화할 때, 세계도 변화한다.

마르크스는 헤겔이 진리에 근접해 있다고 생각한다. 정신과 세계는 서로를 변화시킨다. 그러나 마르크스는 헤겔도 칸트처럼 실제 상황을 신비화시키고 있다고 생각한다. 헤겔에게는 모든 일들이 추상적으로, 우리 자신이 만든 개념들의 발전 역사로서 오로지 사유 수준에서 일어난다. 이것이 바로 마르크스의 반론이기도 하다.

간단히 말해, 마르크스는 두 지배적인 철학적 전통을 동일시하면서 비판하고 있다. 홉스에서 포이어바흐에 이르는 유물론은 인간이 인식하는 세계를 창조하는 데 작용하는 인간 존재의 역할을 이해하는 데 실패했고, 또 무반성적이고도 몰역사적인 특성의 문제를 갖고 있다. 그러나 그것은 인간과 자연 세계의 연속성을 이해한 것으로 칭송된다. 관념론의 정점으로서 헤겔 철학은 역사적 발전의 중요성을 이해하고는 있지만, 그것을 사유의 발전에 국한시키고 있다. 이런 대조는 몰역사적인 유물론과 역사적 관념론 사이에 상당히 양식화된 대립이 있음을 가정하게 해준다. 이때 우리는 역사 유물론의 철학을 발전시키기 위해 양쪽에서 무엇을 취해야 할지 쉽게 이해할 수 있다.

헤겔처럼 마르크스는 인간이 세계 안에서 취하는 행동을 통해 그 자신과 세계를 변화시킨다는 생각을 수용한다. 그러나 헤겔과는 달리, 이런 형태 변화는 실천적 행위로서, 실제적 세계 내부에서 일어나는 것으로 사유 안에서만 일어나는 것은 아니다. 그런 실천 행위 중 가장 핵심적인 부분이 생산 활동으로, 곧 노동이다.

칸트주의나 특히 헤겔주의 등의 관념론은 인간 존재와 세계 사이의 참된 관계에 대한 신비화된 표현이다. 인간 존재는 자연에서 자기 실현을 발견한다. 그들은 단지 세계를 개념화하는 방식이 아니라 삽과 곡괭이로, 쟁기와 천공기, 직조기와 선반 등 물리적으로 형태를 변화시킨다. 그들은 세계를 변화시키면서 새로운 기술을 개발하고 새로운 욕구를 발전시켜 자기 자신을 변화시킨다. 그리고 이것은 상호작용의 새로운 형식들과 우리의 실제적 행위의 다른 측면이 생기도록 한다.

마르크스가 과거 모든 철학 저작들에서 누락되어 있다고 생각하는 관념은 다음과 같은 것이다. 즉, 인간은 개인적, 집단적인 물질적 욕구를 가지며, 인간과 세계의 상호작용에 일차적 형식을 제공하는 것은 바로 욕구이지, 개인적인 관조나 사유가 아니라는 것이다. 인간은 자신의 욕구를 충족시키기 위하여 노동을 함께 하지 않으면 안 된다. 이러한 과정을 통해 인간은 생산과 사회의 상호작용의 복합적인 형식을 더욱 발전시킨다. 이것은 또 새로운 욕구를 불러일으키는데, 이 과정은 영원히 끝나지 않는다.

그렇게 인간 존재와 자연의 상호작용에 관한 철학적 관점은 역사적 사회이론의 기초로 변환된다. 이런 사상으로, 마르크스는 철학이 궁극적인 진리에 도달했다고 생각한 것으로 보인다. 철학의 노동은 완성되었다.

노동과 소외

우리는 이제 왜 노동이 마르크스의 분석에 그렇게 중요한지, 또한 노동이 소외된 것이라면, 왜 이것이 특히 혼란스러운 일인지를 차츰 이해할 수 있을 것이다. 왜냐하면 이는 우리를 참으로 인간다운 존재로 만들어주는 바를 향유하는 우리의 능력에 뭔가 잘못된 점이 존재한다는 것을 의미하기 때문이다.

먼저 소외 개념에 대해 간략히 살펴보자. 일상적인 용법에서 소외는 대략 극단적인 위치 상실, 방향 상실의 감정을 나타낸다. 이런 주관적인 개념은 마르크스의 소외 개념의 한 부분이기는 하지만 작은 부분일 따름이다. 좀 더 근본적으로 소외는 우리의 삶 주변에 있는 객관적인 사실fact이며, 우리는 소외되어 있으면서도 그것을 인식하지 못하고 있을지 모른다.

그것은 본래 하나였던 것이 두 가지 사물이 분리된다는 것이다. 종교적 소외에서 인간의 본질은 인간 실존으로부터 '분리'된다. 우리는 우리의 가장 본질적인 모습들을 발휘하지 못하고 있다. 그보다 우리는 소외된 형태로 존재하는 그것들을 숭배하고 있다. 소외를 극복하는 것은 두 요소를 어떤 적절한 관계로 환원시키는 것을 의미한다. 이것이 포이어바흐의 급진적인 인간주의의 토대이다.

종교적 소외의 관념과 이에 관련된 '자기 소외'의 관념, 그리고 '유적 본질로부터의 소외(이에 대해서는 나중에 자세하게 언급할 것이다'조차도 진보적인 청년헤겔파들에게는 잘 알려져 있었다. 어쨌든 정치경제학 독서를 통해 마르크스는 소외가 노동에도 적용될 수 있음을 확신했다. 그리고 우리가 살펴본 것처럼 마르크스는 소외된 노동은 인간이 종교를 고안하게 된 원인이자 빈곤의 가장 큰 원인이라고 생각했다.

스코틀랜드의 경제학자 애덤 스미스의 《국부론The Wealth of Nations》(1776)에 대한 해석과 번역에 대한 연구를 통해, 마르크스는 자본주의하에서 노동자의 곤경을 부각시키고 있는 '정치경제학의 진실' 몇 가지를 인정하게 되었다.

나는 그 진실들이 마르크스의 스미스에 대한 이해에서 직접 도출된 것임을 강조하고 싶다. 그것은 스미스가 자본주의의 주요 옹호자들 중 한 사람으로 알려져왔음에도 마찬가지다. 또한 스미스는 어느 면에서는 자본주의의 옹호자이긴 했지만, 그가 자본주의의 결함에 눈을 감고 있지는 않았음을 우리는 알고 있다.

마르크스의 메모에서 우리는 그가 애덤 스미스를 읽으면서 발견했다고 주장하는 사항들을 다음과 같이 수집해 정리할 수 있다.

1. 자본주의하에서 노동자들의 임금은 말 그대로 최저다. 이것은 자본가가 협상하기에 훨씬 더 유리한 위치에 있다는 사실의 필연적 결과이며, 노동자는 굶어 죽지 않으려면 어떤 최저 임금도 수용할 준비가 되어 있어야 한다. 말하자면 임금은

노동자와 그의 가족들이 겨우 생명을 부지할 수 있는 수준일 뿐이다.

2. 노동은 형벌이다. 같은 이유로 노동자는 과로와 때 이른 죽음으로 몰고 가는 소름 끼치는 조건들을 수용하지 않으면 안 된다.

3. 노동은 퇴화이며 일면적이다. 노동 분업이 진전될수록, 노동은 더욱더 기계와 비슷해지며, "사람에서 (노동자는) 추상화된 활동과 위장이 되어버린다(콜레티 285)."

4. 노동은 상품이 되어버렸다. 노동은 다른 상품들처럼 시장에서 사고 팔린다.

5. 노동자의 삶은 소외된 힘에 종속되어버렸다. 노동자들의 삶이 종속되어 있는 이 수요들은 부자들과 자본가들의 욕망에 근거하고 있다.

마르크스는 소외된 노동을 설명하기 위하여 애덤 스미스와 포이어바흐를 결합함으로써 혁신을 이루었다. 자본주의 사회에서 노동자의 비참한 처지는 한 사람의 본질이 그/그녀의 실존에서 분리되는 방식의 한 예이다. 말하자면, 노동자들은 그들의 본질을 표현하지 못한 채 살고 있다. 인간은 본래 생산하는 동물이지만, 마르크스의 주장은 자본제 아래에서 인간들이 비인간적인 방식으로 생산하고 있다는 것이다.

지금 돌이켜 생각해볼 때, 이런 논의가 이루어진 1844년의 초고들은 미출간된 최초의 텍스트이니만큼 일정한 불명료함을 포함할 수밖에 없으며, 여러 방식으로 읽힐 수 있다. 그러나 나는 요사이의 표준 해석을 따르고자 하는데, 그에 따르면 마르크스는 소외된 노동에는 네 가지 주요 형태가 있다고 보았다.

첫 번째 측면은 생산물로부터의 소외이다. 노동자는 물건을 생산하지만, 미래의 사용이나 그 물건의 소유에 대해서는 아무 결정권이나 감독권이 없다. 이런 의미에서 노동자는 개인적으로 생산물로부터 분리되어 있거나 소외되어 있다. 이런 관찰은 물론 진부하고 뻔한 것이다. 사물들이 우리에게 훨씬 더 흥미로워지는 것은 우리가 우리 자신이 만든 산물로부터 집단적으로 소외될 수 있는 방식에 관해 생각할 때다. 여기에서 두 가지 핵심 개념은 신비화와 지배이다.

이미 지적했듯이, 마르크스는 우리가 만나는 모든 것들은 인간 노력에 의해 창조되었거나 어떤 방식으로든 형태 변화된 것이라고 주장하고 있다. 이것은 명백한 인공물—내가 쓰는 펜, 내가 앉아 있는 의자—일 뿐만 아니라, 우리 주변의 '자연' 풍경도 마찬가지다. 마르크스는 다음과 같이 지적하고 있다.

"감각적 세계는 계속 동일하게 존속하는 영원 자체로부터 주어진 것이 아니라, 산업의 산물이요 사회적인 상태이며(……) 연속된 세대들 전체의 행위의 결과이며, 대대로 전승되어온 것으로, (……) 사회 발전(의 결과)이며, 산업과 상업적 상호

소통의 결과다(M. 190)."

최근의 예로, 미국 버지니아의 셰난도 국립공원을 살펴보자. 현재 이 공원의 상당 부분은 공식적으로 '미개지'라고 표시되어 있다. 마치 사람들이 그곳을 전혀 모르는 것처럼 보이도록 말이다. 그러나 20세기 초반에 이 지역의 많은 부분은 농장지였다. 그러다가 1920~30년대에 프랭클린 루스벨트의 시민 자연보호단체에 의해 국립공원으로 바뀌었다. 이 자연보호단체는 불경기의 여파로 생긴 실업문제를 해결하기 위해 고안된 공공 노동 중 하나였다.

첫 번째 논점은 세계의 상당 부분이 대체로 인간의 창조물인데도 우리는 거의 그렇게 생각하지 않으며, 이런 의미에서 우리는 자신의 생산물에서 소외되어 있다. 나아가 우리는 그것을 당연한 것으로 생각하는 경향이 있다. 깨끗한 온수와 냉수가 여러분 가정의 목욕탕 수도꼭지에서 나오게 하기 위해 꼭 필요했던 기술의 역사를 생각해보라. 우리는 염치없게도 공급이 안 될 때만 그 사실에 주목한다.

신비화가 완성되는 지점은, 사람들이 일상적인 생활 필수품이 어떻게 작동하는지에 대해 아무 관념이 없다는 것에 생각이 미칠 때이다. 정직하게 말해 우리들 중의 누가 냉장고가 어떻게 작동하는지를 정말 이해한다고 말할 수 있을까? 냉장고의 작동 원리를 이미 설명해주었을 경우에도 마찬가지다. 우리 인간 존재들은 단순히 말해, 우리가 이해하지 못하는 어떤 세계를 만들어왔다. 우리는 우리 자신의 세계 안에서 이방인이다.

그러나 우리는 이 생산물들에 의해 신비화될 뿐만 아니라, 지배당하기도 한다. 이제 우리가 생산 행위에서 소외되어 있다는 마르크스의 이론에 관해 배워보자. 생산라인 관련 과학기술은 초일급 범죄자이다. 하지만 누가 이 기술을 발명했는가? 그리고 누가 그것을 생산했는가? 우리 인간이 했다. 그렇다면 그것은 생산물이 우리를 지배하는 한 예이다.

그러나 지배의 이념은 훨씬 깊숙이 침투해 있다. 진부하기 짝이 없는 생각, '당신은 시장에 저항할 수 없다'는 관념을 살펴보자. 우리는 '시장의 힘' 같은 것들이 존재한다는 생각에 익숙해 있다. 그리고 그것들을 무시하려면, 위험을 무릅써야 한다는 것이다. 여러분은 중력, 자력 등의 자연 능력들을 무시했을 때와 똑같이 실패할 수도 있다. 예를 들어, 여러분이 자본가인데 주위의 경쟁자들이 가격을 내리기 시작했다면 여러분도 가격을 내리든지 혹은 사업을 그만두든지 해야 할 것이다. 고객들이 여러분이 생산한 것을 더 이상 좋아하지 않는다면, 여러분은 무엇인가 다른 물건을 더 훌륭하게 만들어야 할 것이다.

여기서 우리는 자본주의 경제가 어떤 형태의 행동은 합리적인 것으로, 또 어떤 것은 비합리적인 것으로 만들어놓는다는 점을 배울 수 있다. 그래서 여러분은 시장에 맡겨두는 것이 나을 것이며, 그렇지 않다면 곤경에 빠지게 될 것이다.

그런데 시장이란 무엇인가? 단순히 말해, 생산과 소비에 관련한 무수한 인간의 결정들이 축적된 효과들이다. 그렇다면 그것은 우리 인간의 산물이다.

이로부터 얻어진 결론은, 우리는 우리 자신의 생산물에 의해 다시 한 번 지배된다는 것이다. 시장은 우리 자신의 산물이지만 우리의 통제에서 벗어나 있다. 예를 들어 누가 주식시장이 붕괴하기를 바라겠는가? 그러나 때때로 이런 일이 일어난다. 우리 나름으로는 완벽하게 합리적이라고 생각하고 행한, 개인적인 행위들의 의도하지 않은 귀결이다. 시장은 우리가 우연히 창조했지만, 이제는 우리의 삶을 지배하는 괴물과 같은 존재가 되었다. 마르크스가 표현하고 있는 바와 같이 우리는 '인간들에 대한 죽은 물질들의 완전한 지배(콜레티 319)'를 경험하고 있다.

생산물로부터의 소외는 다면적인 값진 개념이다. 다음 범주는 생산 활동에서 벌어지는 소외인데, 이것은 노동의 정교한 분업에서 생겨난다. 이제 노동 분업의 문제는 한 과업을 몇 개의 특수화된 과제로 나누어 생기는 것이 아니다. 고도로 특수화된 과업은 대단히 도전해볼 만한 것이며, 수행할 만한 가치를 지녔다. 그리고 그 자체로 도전해볼 만하든, 그렇지 않든 노동 분업 내의 한 과업은—이런 유형의 작업들은 작업 수행의 다른 형식을 제공할 수 있다—공동 생산이나 팀 작업의 부분들을 형성한다. 그보다 마르크스가 관심을 갖고 있는 문제는 이런 것이다. 자본주의적 노동의 분업은 전형적으로 노동자들이

탈숙련되도록 만들어, 각 개인들은 전체 공정에서 자신이 차지하는 위치를 이해하지 못한 채, 아무 생각 없이 맡은 부분만을 반복적으로 수행하는 것으로 축소되어버린다는 것이다. 우리는 계속 똑같이 운동하도록 프로그램화된 기계보다 나을 것이 없는 존재로 전락한다.

여기에서 바로 다음 범주가 도출된다. 우리의 유적 존재 species-being로부터의 소외이다. '유적 존재'란 용어는 포이어바흐에게서 나온 것이지만, 마르크스는 여기에 새로운 의미를 함축시켰다. 그 핵심적인 개념은 이러한 질문에서 생겨났다. 인간 존재의 본질은 도대체 무엇인가? 무엇이 인간을 특별한 피조물로 만드는가?

이러한 관점에서 볼 때 마르크스는 인간의 생물학적인 면모에는 관심을 갖지 않았던 것 같다. 그는 인간의 유적 본질을 두 측면으로 나누고 있다. 먼저 우리가 이미 보았듯, 인간 행동의 특징은 노동, 혹은 더 자세히 말해 사회적인 생산 활동이다. 물론 다른 동물들도 생산한다. 비버는 댐을 쌓으며, 꿀벌은 벌집을 짓는다. 하지만 마르크스가 지적하고 있는 것은, 인간은 스스로의 의지와 의식에 따라 고정 틀을 벗어나 의식적으로 생산할 수 있다는 의미에서 자유로운 생산능력이 있다는 점이다. 인간 존재가 생산할 수 있는 물건들의 영역에는 한계가 없다. 그런데 자본주의에서는 소수의 사람들만이 이런 유적 본질의 측면을 향유할 수 있다. 그곳에서 인간은 생산 행위를 통해 자신의 본질을 표현하기보다 기계적이고 반복적으로 생산할 뿐이다. 이때 그것은 향유가 아니라 고문이다.

"12시간 내내 직물을 짜고, 실을 잣고, 구멍을 뚫거나 선반을 돌리고, 건설하고, 삽질하며, 돌을 깨고, 짐을 나르는 따위의 일을 하는 노동자. 그는 그 12시간 동안의 노동, 즉, 실을 잣고, 구멍을 뚫고, 선반을 돌리며, 건설하고, 삽질하며, 돌을 깨는 것을 그의 삶의 표현으로 여기는가? 그것을 정말 삶이라고 생각하는가? 이와는 반대로 그에게 삶은 이런 행동이 중단될 때에야, 식탁에서, 대폿집에서, 침대에서 시작된다(M. 276)."

인간의 유적 존재의 두 번째 측면은, 마르크스에 따르면 〈포이어바흐에 관한 테제〉 중 6번에 잘 표현되어 있다. 여기에는 다음과 같은 말이 들어 있다. "인간의 본질은 개별 인간들에게 내재되어 있는 추상이 아니다. 그것의 실재를 볼 때 인간의 본질은 사회적 관계의 총화이다(M. 172)." 나는 이것이 의미하는 것이, 인간 존재는 거대하고도 광대한 복합적인 노동 분업에 참여하며, 이른바 좁은 의미의 생산 영역을 넘어선다고 생각한다. 우리의 예술적, 문화적 성취와 물질적 진보는 전 지구와 전 인간사를 포괄하는 공동 작업에 의존하고 있다.

쉬운 예를 들어보자. 단순한 연필 한 자루라도 한 사람이 혼자 만들 수는 없다. 연필 한 자루를 생산하는 일은 많은 기술과 여러 재료들에 대한 지식을 필요로 하며, 각자 고립되어 있는 한 개인의 능력을 훌쩍 뛰어넘는 것이다.

따라서 우리 스스로는 거의 생각할 수 없겠지만, 다른 행성에서 온 방문자라면, 인간 존재들이 광대한 규모의 공동 작업 조직에 부속되어 있음을 관찰할 수 있을 것이다. 말하자면, 전 세계에 걸쳐 사용될 재화를 만드는 일, 여러 시대를 거쳐 축적되어온 공유 지식 위에 축조하는 일 등이 그것이다. 때로는 어떤 특정한 개인이 그 끝에 가서는 다른 수백만이 필요한 그런 물건을 사용하거나 소비할 수도 있을 것이다. 말하자면 이것이 우리가 지닌 유적 본질의 사회적 측면을 보여준다.

마르크스는 자본주의 아래에서 우리의 유적 본질의 두 측면으로부터 소외되어 있다고 주장한다. 우리는 이미 간략히 첫 번째 것인 생산 활동에서 소외되어 있다는 사실을 살펴보았다. 그리고 이제 이것이 우리의 유적 본질로부터 소외되어 있는 존재 방식임을 알 수 있다. 자본제하에서 노동력의 거의 대부분은 개인의 특수하고 인간적인 속성들을 투입하지 않는 방식으로 작동하고 있다. 창조성, 발명 재주, 많은 도전과 상황들에 응답하는 그들의 능력을 실험하기보다 그들은 우둔하고 반복적인 일방통행 방식으로 생산한다. 그들은 인간의 방식이라기보다는 동물의 방식으로 생산한다. 많은 노동자들의 하루 중 그들의 능력이 가장 잘 발휘되는 때는 자동차를 몰고 일터로 출근하고 퇴근할 때라는 말이 있다. 마르크스는 많은 사람들이 일을 하지 않을 때에만 인간임을 느낀다고 말하고 있다.

인간의 유적 본질에서 소외되는 두 번째 방식이 마지막 범주를 나타낸다. 여기서 본질적인 논점은 단순히 우리가 있는 그대로의 '유적 생활'을 평가하지 않는다는 사실이다. 우리 자신들을 협동작업의 광대한 틀의 일원으로 생각하기보다는, 돈을 벌기 위해 일터에 가고, 그 돈을 쓰기 위해 쇼핑하는 그런 존재로 여기고 있다. 우리는 터널식 비전을 가진 사람들이다. 이 사실을 마르크스는 다소 애매하게 이야기하고 있다. 우리는 우리의 유적 생활을 개인 생활을 위한 수단으로 사용한다는 것이다. 다시 말하면, 우리가 자신의 이익을 추구하는 방식은 공동체적인 유적 본질을 가지고 있지 않다면 결코 가능하지 않을 것이라는 말이다.

그러나 우리는 이런 삶의 공동체적인 측면을 완전히 등한시하고 있다. 우리는 누가 우리가 만든 물건들을 사용할 것인가 하는 문제를 거의 생각하지 않는다. 우리가 구매한 물건들이 어떻게 존재하게 되었는가 하는 문제에 대해서는 더욱 그렇다. 우리는 직접적인 소비 결정을 제외하고는 모든 것들에 무관심하다.

이것들이 마르크스가 주장하는 자본제하에서 자신의 노동으로부터 소외되는 네 가지 방식인데, 생산물로부터의 소외, 생산 활동에서의 소외, 유적 본질로부터의 소외, 그리고 다른 사람들로부터의 소외가 그것이다. 그러나 소외는 여기에 그치지 않는다.

화폐와 신용

화폐는 어떻게 해서 다른 사람들로부터의 소외가 가능한지를 설명하는 데 중심 역할을 한다. 그것은 우리가 뒤를 거의 돌아볼 수 없게 하는 장막이기도 하다. 그러나 이것이 화폐가 발휘하는 유일하게 해로운 효과는 아니다. 1844년 초고에서 마르크스는 약간은 문학적인 비평도 즐기고 있는데, 여기서 그는 셰익스피어의 〈아테네의 티몬〉에서 따온 긴 구절과 괴테의 《파우스트》에서 인용한 약간 짧은 글귀를 되새기고 있다. 마르크스는 금이 "검거나 혹은 희게, 공평하거나 불공평하게, 나쁘거나 좋게, 천하거나 귀하게, 늙거나 젊게, 비겁하거나 용감하게 만들 것(콜레티 376)"이라는 셰익스피어의 말을 인용하고 있다.

마르크스는 여기서 서로 구별되면서도 관련된 논점들을 주장하고 있다.

먼저 화폐는 그것이 접촉하는 모든 물건들을 파괴하고 변화시킨다고 주장한다. 화폐는 인간관계를 상품화하고, 형태를 변화시키고, 타락시킨다. 사람들은 사랑받아야 한다. 예를 들어, 그것은 그들이 사랑스럽거나 혹은 그들 가족이 다른 사람들과 맺고 있는 관계 때문이다. 그러나 자본주의 사회에서 어떤 사람들은 부유하기 때문에 사랑받을 수 있으며, 또 어떤 사람들은 가난 때문에 욕설을 들을 수 있다. 우리는 그들의 행위와 전망, 또는 다른 이들에 대한 관심 때문에 그들에게 감복해야 한다. 그러나 우리는 그 사람이 어떻게 해서 부자가 되었는지는 상관없이 그저 부유하다면 높이 평가하는 경향이 있다.

두 번째, 화폐는 어떤 것을 좀먹어버리는 성질이 있다. 모든 것들은 언젠가 그 나름의 대가를 치른다. 예전에는 아무 생각 없이 했던 일들도—이것이야말로 사람들이 서로 해야 한다—우리의 아이들과 연로하신 부모님들을 보살피는 일들을—지금에 와서는 다른 사람들에게 돈을 치르고 그 일을 시키고 있다. 자본주의 경제는 예전에는 돈과 상관없이 서로 해주었던 일들을 이제는 돈을 지불해야 해주도록 만들었다. 돈이란 마르크스와 셰익스피어의 말처럼 '만인의 매춘부'이다(M. 118).

세 번째 주장은, 셰익스피어에서 가장 직접적으로 인용한 것으로 "돈은 인간의 모든 자연적 성질을 그 반대의 것으로 만든다(M. 118)"는 점이다. 지금 이것은 확실히 심한 과장이다. 그러나 그 근저에는 돈이 많은 사람들에게는 거의 모든 것이 가능하지만, 없는 사람들에게는 기죽이는 싸움일 뿐이란 설득력이 풍부한 사유가 있다.

이에 대한 중요한 예로 마르크스는 교육을 들고 있다. 가장 커다란 교육적 자원들은—우리 모두 이론적으로는 동의할 것이다—가장 이익을 얻을 수 있는 사람들에게 제공되어야 한다.

그러나 자본주의 사회에서는, 재주는 있지만 돈이 없는 사람들은 이에 접근할 수 없는 반면, 재주는 없지만 돈을 가진 사람들은 그들이 원하는 교육을 다 받을 수 있다. 돈 없는 욕구는 충족될 수 없을 테지만, 돈으로 뒷받침된 변덕은 충족될 것이다.

네 번째 주장은 소외는 우리의 언어까지도 오염시킨다는 것이다. 인간에게 욕구는 자연스러운 것이며, 이 세계는 각 개인들이 지닌 욕구들을 만족시키려고 조치를 취하는 사람들에 의해 전적으로 좌우된다는 것이다. 그러나 마르크스는 자본제 아래에서 욕구의 언어는 변질되어버렸다고 말한다. 어떤 것이 필요하다고 해서 그것을 요구하는 것이 창피스러운 일이 되어버렸다. 즉, 그것이 애원하거나 애처롭게 매달리는 일이 되고만 것이다.

만일 여러분들이 이것이 썩 나쁜 일이 아니라고 생각한다면, 한번 신용체계를 살펴보기로 하자. 신용체계는 화폐체계가 최고 수준의 추상으로 발전한 것이라고 할 수 있다. 마르크스는 신용대출을 늘릴지의 여부를 결정하는 것은 한 개인에게는 생사가 걸린 문제일 수 있다고 말하고 있다(사람들은 이 말이 혹시 마르크스의 개인적 경험에서 나온 것은 아닌지 놀랄 것이다). 물적 화폐가 없는 금융체계 아래에서 개인은 통화의 단위가 된다. 결국 신용을 얻기 위해서는 한 사람의 과거와 미래에 관한 '진실을 알아서 경제적'이 될 필요가 있다. 사람들은 자기 자신을 위조해야 한다. 이로 인해 누가 신용상으로 '가치' 있는가를 지속적으로 기록하고 관찰하는 일을 주업으로 하는 스파이와 흥신소 산업이 생겨 번창하게 된다.

그리고 여기서 우리는 사람들의 언어가 다른 의미로 변질돼 있음을 본다. "당신의 순수한 가치(worth, 부로도 읽힐 수 있다— 옮긴이)는 무엇인가요?" "당신의 상태는 어떻습니까?"라는 질문은 부나 신용도에 관한 질문이지 한 개인의 도덕적 평가와는 무관한 것이다.

최고 정점은 은행체계와 주식시장이다. 그리고 그것은 완전히 무너질 수도 있다.

자유주의

그 당시 유일하게 마르크스만이 독일의 당대 체계를 비판한 것은 아니다. 마르크스에 따르면 당시 독일은 정치적, 경제적으로 모두 후진적이었으며, 오직 철학에서만 선진적이었을 뿐이다. 그래서 정치적, 경제적 변화에 대한 욕구가 동시에 절박했지만, 더 긴급했던 것은 정치적 개혁이었다. 설상가상으로 독일은 다른 선진 국가들의 어려움을 공유하면서 자국의 특수한 어려움까지 겪어야 했다.

독일과 특히 프로이센에는 요즘 사람들은 이해할 수 없는 차별적인 법이 있었다. 유대인들이 그 법적 차별의 희생자였고,

'유대인 문제'를 둘러싸고 많은 논쟁이 벌어졌다. 유대인들은 마르크스 아버지의 경우가 그랬듯이, 자신들의 종교를 포기하지 않고는 어떤 지적 직업의 길에 들어서는 것도 허용되지 않았다.

청년 마르크스가 쓰고 있는 것처럼, 프로이센 의회는 유대인 차별을 금지하는 개혁안을 내놓고 있었다. 그러나 왕이 거부하는 바람에 차별은 계속되고 있었다. 프로이센의 비판적인 자유주의자들은 법적 평등을 끊임없이 요구했다.

그러나 마르크스의 친구이자 동료인 청년헤겔파, 그중에서도 특히 브루노 바우어는 유대인 해방에 반대하는 두 편의 논문을 썼다. 이제 이것들을 조심스럽게 이해할 필요가 있다. 바우어는 차별을 좋아하지 않았다. 어쨌든, 그는 유대인은 기독교도들과 동일한 권리를 요구하면서 기독교도들이 경험하고 있는 그런 노예상태에 참여하기를 요구받고 있다고 주장하였다. 유대인과 기독교도 모두 자신들의 종교를 포기하지 않는 한, 이들 양쪽의 적절한 해방은 불가능하다는 것이다. 어떤 종교의 일원으로서—예를 들어 '선민'으로서—사적 생활을 하는 것은 물론 시민으로서 공적 생활을 하는 것도 불가능하다는 것이다. 이것은 확실히 포이어바흐의 주장과는 비교된다. 포이어바흐의 주장은, 종교는 인간의 유적 본질을 향유하는 데 방해가 되므로 반드시 지양되어야 한다는 것이었다.

〈유대인 문제에 관하여〉에서 브루노 바우어에게 한 마르크스의 대답은, 훨씬 국지적인 사안과 관련된 것임에도 정치철학의 위대한 작업들 중의 하나이다. 왜냐하면 마르크스는 이를 통해 몇 가지 근본적인 문제를 제기하는 기회로 삼았고, 그것은 또한 우리에게 그의 사유의 깊이와 풍요를 경험하게 해주고 있기 때문이다.

마르크스가 쓴 논문의 세부적인 부분들은 대개 '지금 여기'에 있는 우리들로서는 문제 삼을 필요가 없다. 그럼에도 한 가지 중요한 주장은 종교를 지양하지 않는 한 한 개인이 동등한 정치적 권리를 누릴 수 없다는 생각은 누가 보아도 뻔한 난센스라는 것이다. 마르크스는 종교적 차이가 정치적 평등권을 침해하지 않는 완벽한 예를 미국이 제시하고 있지만, 그러나 "미국인들은 종교가 없는 사람도 정직할 수 있다는 것을 믿지 못할 정도로 종교가 번창하고 있다(M. 51)"고 지적하고 있다(오늘날에도 어떤 부류에서는 그렇다). 그러나 마르크스의 참된 기여는 정치적 해방과 어떤 새로운 것, 즉 인간 해방을 구별한 것에서 찾아볼 수 있다.

정치적 해방은 '시민권'과 '인권'을 향유하는 일이다. 시민권은 대개 표현의 자유, 집회의 자유, 투표권과 피선거권 등 정치 참여에 초점이 맞춰져 있다. 또한 시민권은 사상과 신앙의 자유를 포함한다. 인권은 이와는 달리 더 보편적인 것으로 여겨지며, 마르크스는 이것이 평등, 자유, 안전, 소유를 포함한다고 말하고 있다. 따라서 정치적으로 해방된다는 것은 본질적으로 시민과 인간의 자유권을 소유하는 것이다.

그렇다면 인간 해방은 무엇인가? 안타깝게도 마르크스는 이와 관련해서 어떤 것도 분명하게 언급하고 있지 않다. 그러나 한 가지만은 분명하다. 결국, 정치적 해방만으로는 충분하지 않다는 것이다. 우리는 이것을 다음의 논점을 되새겨봄으로써 이해할 수 있다. 즉, 법이 사람들을 얼마나 순수하고 평등하게 다루건 간에, 차별은 일상생활에 깊이 뿌리박혀 있을 수 있다는 사실이다.

오늘날의 예를 들어보면, 30여 년 전부터 동일한 일을 하는데도 남성보다 여성에게 낮은 임금을 지불하는 것은 영국에서는 불법으로 규정되어왔다. 그러나 실제 통계는 여성들이 모든 고용 영역에 걸쳐 남성보다 임금을 적게 받고 있음을 보여준다.

마르크스는 다음과 같이 말하고 있다. "사람들이 실제로 그 제약으로부터 해방되지 않았더라도 국가는 이로부터 벗어날 수 있다(M. 51)." 이것은 일상의 모든 진보적 법률에 다 통용될 것 같다. 어떤 법도 모든 경우를 다 고려하지는 못한다. 사람들은 법조문에 저촉되지 않고도 그들과 같은 사회계급, 종교, 인종들을 고용하는 등, 그 외 편견들을 만족시킬 방법을 찾으려 할 것이다.

한 걸음 더 나아가 마르크스는 시민사회와 국가를 구별한다. 국가는 시민의 영역이다. 정치적으로 해방된 국가에서 우리는 모두 평등한 시민들로, 법 앞에서 평등하고, 풍부한 권리 목록의 자랑스러운 소유자들이며, 서로 자유로우면서도 평등한 국가 구성원이요, 동료이다.

그러나 시민사회의 수준에서 보면—일상적인 경제 활동의 수준—사물들은 매우 다르게 보인다. 우리들은 각자 자기의 이익을 추구하면서 필요한 만큼 경쟁하고 착취한다. 다시 말해 우리는 다른 이들의 성공을 질투하면서 자기 소유라고 생각하는 것에 집착한다. 이리하여 우리는 각자 이중생활을 한다. 즉, 평등한 공적 시민과 원자적인 사적 개인으로 말이다.

마르크스에 따르면 이런 슬픈 진실은 원자적인 시민사회가 우리의 실제 실존 수준이며, 국가의 고상한 수준은 단지 집단적 환상일 따름이라는 것이다.

이제 우리는 국가가 소외의 한 형태라는, 마르크스의 난해한 관점을 이해할 수 있는 지점에 도달했다. 본질적으로 논점은 이것이다. 이미 살펴본 것처럼, 인간은 근본적으로 공동체적 존재로, 매우 복잡하게 노동 분업화되어 있는 가운데 서로를 위해 생산한다. 어쨌든 자본주의 사회에서 우리는 적절히 공동체적인 방식으로 살아가기 어려우며, 일반적으로 우리의 공동체적 본질을 원래 그대로 향유할 수는 없다. 그럼에도 마르크스는 우리의 공동체적 본성이 소외된 형식이든, 또 다른 방식이든 간에 그 어떤 형태로 표현되고 있음에 틀림없다고 생각했던 것 같다.

일찍이 이런 역할은 종교가 수행했다. 프로테스탄트 개혁 이

전, 공동체의 구성원들은 같은 교회의 성원으로 함께 기도하고, 함께 '하느님의 눈으로 보면 모두 평등하다'는 구절을 낭송했다. 하지만 종교개혁과 그에 수반해 교회가 분파하면서 서로를 심각하게 경멸하기 시작했고, 종교는 더 이상 (겉만 좋은) 공동체의 역할을 수행할 수 없게 되었다.

그러나 이후 정치적으로 해방된 국가가 등장한다. 자유주의는 명백히 종교적 차이에 대한 응답이다. 종교가 다른데도 우리는 모두 함께 평등한 시민일 수 있으며, 따라서 아직 소외되기는 했지만 분명히 새로운 형태로 우리의 공동체적 본질을 표출할 수 있다. 그러나 문제는 여러 맥락에서 볼 때 이 평등이 단지 말뿐이라는 데 있다.

이제 우리는 마르크스의 결정타를 맞을 준비가 되어 있다. 정치적 해방에는 인간 해방이 결여되어 있으며 이는 심각한 장애물이다. 다시 자유, 평등, 안전 보장, 그리고 소유권 등의 인권을 살펴보자.

자유는 내가 다른 사람을 해치지 않는 한, 내가 원하는 대로 할 수 있는 권리다. 평등은 법적으로 다른 모든 사람들과 똑같이 취급받을 권리다. 안전 보장은 다른 이로부터 보호받을 수 있는 권리이며, 마지막으로 소유권은 이런 안전 보장을 합법적으로 향유할 수 있도록 확장한 것이다. 시민이라 함은 이런 권리들을 향유할 수 있는 존재이다. 시민들은 이를 위해 투쟁했다.

그러나 마르크스에 따르면, 각각의 권리들은 다른 사람들을 위협적인 존재로 간주하도록 부추긴다. 그것들은 한계를 규정하는 법으로, 우리를 각각 다른 이들로부터 분리시킨다. 인간과 시민의 권리들은 우리의 개체적 실존을 유지하려는 것이다. 따라서 그 법들은 먼저 인간 상호간의 소외를 전제로 하고, 이를 강화한다.

제대로 된 사회에서라면 우리는 우리의 자유를 다른 사람들과의 관계에서 찾을 것이다. 인간적인 삶은 최소한 부분적이나마 다른 이들을 위해 사는 삶이다. 그러나 정치적으로 해방된 국가가 사람들에게 제공하는 것은 대부분 각각 서로를 서로에게서 보호해주는 일이다. 마르크스는 그래도 이것이 모두가 제대로 보호받지 못했던 당대 독일 상황보다는 낫다는 것을 재빨리 인정하지만, 정치적으로 해방된 국가라 할지라도 여전히 소외는 남아 있다. 우리는 그보다 나은 정책을 바라고 있다.

해방

그러나 정확히 우리는 무엇을 바랄 수 있는가? 이것은 마르크스 초기 저작들 가운데에서도 가장 실망스럽고도 좌절하게 만드는 측면 중 하나이다. 우리는 해방된 세상이 소외 없는 세상일 것이며, 나아가 코뮤니즘 선상에서 조직될 것이라는 사실을 알고 있다. 그러나 이것이 우리에게 말해주고 있는 것은 그 자체로 보면 매우 적다.

그렇다 하더라도 이제 우리는 마르크스의 분석이 지닌 독창성과 깊이를 낮게 평가해서는 안 된다. 마르크스는 몇 가지 지극히 중요한 조처를 취하고 있다. 그는 물론 최초의 코뮤니스트는 아니며, 그런 생각들은 이미 이전에 과감히 언급된 것들이다. 전형적으로, 코뮤니스트들은 아주 작은 세부 사항까지 손질된 상당히 세련된 계획을 내세운다. 그들 자신이 인류의 대단한 은인이란 인상을 주면서, 이들 공상적 사회개혁론자들은 자신들의 이상이 보편적으로 받아들여지기를 바라 마지않겠지만, 이와 동시에 가장 낮은 수준에서라도 그것들이 어떻게 이행될 수 있는지에 대해서는 전혀 모르고 있다.

공상적 사회주의자 샤를르 푸리에Charles Fourier는 가령 코뮤니즘 사회에 대한 환상의 실험을 계획하고 투자하는 데 관심을 가진 부유한 자선가가 있는 카페에서라면 자신도 쓸모 있을 것이라고 했다고 한다. 그리고 오래 살아남지는 못했지만, 미국에서 푸리에의 이상에 근거를 둔 공동체가 실험된 적도 있었다.

또 다른 공상적 사회개혁론자, 로버트 오언도 자신이 경영하는 뉴래너크의 공장에서 자신의 이념을 실천해볼 기회를 가진적이 있었다. 그러나 그 역시 환상에서 깨어나게 되었다. 노동자들은 더 나은 노동 조건을 가지게 되었을지는 모르지만, 그렇다고 그들이 참된 의미에서 해방되었다고 생각한다면, 그것은 지나친 상상일 것이다. 오언은 생산성을 향상시키는 것 이상의 일에는 실패했음을 깨달았다. 그의 노동자들 역시 착취당하고 있다는 것은 마찬가지요, 그의 명령에 따라 움직이는 고용인에 불과했던 것이다.

이런 사람들과는 달리 마르크스는 코뮤니즘이 지식인, 야망가, 그리고 몽상가들에 의해 성취될 수 있는 것이 아니라, 오로지 노동자 자신들에 의해서만 가능하다고 주장한다. 혁명은 자선행위나 실험이 아니다. 혁명은 앞서가는 일이었다. 물론 그것을 이끄는 것은 이념이지만, 이념만으로는 충분하지 못하다.

하이게이트 공동묘지에 있는 마르크스의 묘비에는 궁극적이면서도 가장 유명한 〈포이어바흐에 관한 테제〉의 글이 새겨져 있다. "철학자들은 세계를 오직 여러 가지 방식으로 해석해왔다. 문제는 그것을 변화시키는 일이다(M. 158)."

나아가 마르크스는 만일 노동자들이 투쟁의 한 부분이 되어 있지 않다면 노동자들이 해방을 수용하기에 적당한 상태가 아닐 수 있다고 주장한다.

> "(혁명은) 대단위 규모에서 필요하다. 그것은 지배계급이 다른 어떤 방식으로 전복될 수 없기 때문만이 아니라, 그것을 전복시키는 계급은 오로지 혁명 와중에서만 시대를 거듭해 쌓인 오물들을 모두 벗어던지는 데 성공할 수 있으며, 새로운 사회를 건설하는 데 적합한 상태가 될 수 있기 때문이다(M. 195)."

마르크스는 노동자들이 스스로 혁명을 수행해야 한다고 주장한 최초의 주요 이론가이다. 노동자들은 혁명의 불길로 형상화될 것이다. 그들은 자신들의 참된 욕구와 관심을 이해하게 될 것이며, 또한 그들의 진정한 힘과 자신들의 상호 신뢰 역시 이해하게 될 것이다. 만일 그들이 자본주의하에서의 노동자들처럼 순한 양과 같은 상태에 머물러 있다면, 코뮤니즘은 크게 실패할 것이다. 지식, 자기 인식, 동기 이 모든 것들이 변화해야 한다. 마르크스가 생각하기에 그것은 적극적인 혁명적 투쟁을 통해 변화할 수 있다. 혁명 행위를 통해서만 사람들은 그것을 수용할 수 있다.

혁명은 무엇을 얻고자 하는가? 앞으로 우리는 이에 관한 마르크스의 사유의 실마리들을 함께 찾아 나갈 것이다.

결론

청년 마르크스에게 자본주의는 종교에서 국가, 노동, 화폐, 인간관계, 언어에 이르기까지 철저히 소외된 관리체제였다. 어떤 측면에서 자유주의적인 정치적 해방은, 결국 상황을 더욱더 악화시킨다는 것이다. 비록 그것이 여러 가지로 진보를 나타낸다고 할지라도 말이다.

결국 현존하는 사회는 인간의 소외된 상태를 '넘어서는' 코뮤니즘으로 대체될 것이며, 이것은 프롤레타리아 계급혁명에 의해 달성될 것이라고 마르크스는 주장한다. 우리는 이런 생각들을 어느 정도까지 믿어야 하며, 또 믿을 수 있는가? 4장에서 이 문제를 다루고자 한다.

3장

계급, 역사, 그리고 자본

계급

우리는 마르크스가 외쳤던 가장 위대한 질타의 소리를 꼽을 때 상호 경쟁자가 될 법한 한 쌍의 명제를 이미 살펴보았다. 그 것은 "종교는 민중의 아편이다"와 "철학자들은 오직 세계를 해석해왔지만, 문제는 그것을 변화시키는 것이다" 등이었다. 또 다른 것을 살펴보면 《공산당 선언》에 나오는 말을 뽑을 수 있을 것이다. "지금까지 존재해왔던 모든 사회의 역사는 계급투쟁의 역사이다(M. 246)."

마르크스에 따르면, 자본주의 사회는 두 계급, 부르주아와 프롤레타리아 사이의 투쟁으로 귀착된다. 부르주아 계급은 자본을 소유하고 착취하는 계급이며, 프롤레타리아 계급은 노동자 계급이다. 따라서 자본주의 사회에는 노동하는 사람들과 다른 사람들의 노동에 기생하는 사람들이 존재한다. 이런 기본 관계는 사회마다 달라지지만, 마르크스에 따르면 이 기본 형식은 거의 보편적인 현상이다. 이것을 비껴갈 수 있는 사회는 오로지 그 사회가 아주 원시적이어서 생존하기 위해 모두가 노동을 해야 한다든지, 또는 아주 진보해서 코뮤니즘 사회에 도달했다든지 둘 중의 하나이다.

이제 우리는 당당히 질문할 수 있을 것이다. 다른 사람들의 노동에 기생하는 사람들은 도대체 누구란 말인가? 물론 실직자, 노인, 혹은 피부양 가족 성원들을 말하고 있는 것은 아니다. 우리가 염두에 두고 있는 것은, 아침에는 은행에 배당 수표를 예금하는 데 시간을 다 보내고, 오후에는 피트니스센터나 테니스 코트 혹은 클럽에서 보내는 사람들이다. 더 자세히 이야기하면, 그렇게 할 만한 부를 소유한 사람들이다. 사람은 두 부류로 구분된다. 자신의 노동 말고는 팔 것이 거의 없는 사람들과, 어떤 형식으로든 다른 이들의 노동을 살 수 있는 부(때로는 유산)를 지닌 사람들이다. 후자의 사람들이 전자와 똑같이 일할 때에도 마찬가지인데, 왜냐하면 이것이 그들이 삶을 영위하고자 하는 방식이기 때문이다. 사회가 계급 배치에 따라서 조직된다는 것은 어떻게 가능한가? 《자본》에서 마르크스는 자본주의하에서 생겨나는 계급 분화의 기원을 다음과 같이 살피고 있다.

"(계급 분화의 기원은) 옛날이야기와 같은 방식으로 설명된다. 옛날 옛적에 두 종류의 사람들이 있었다. 한 부류는 근면하고 지성적이며 특히 검소한 엘리트들이고, 또 다른 부류는 게으르고, 파렴치하고 재산을 낭비하며 게다가 분방하게 사는 사람들이다. (……) 따라서 전자의 부류는 부자가 되고, 후자의 부류는 마지막에 가서는 자신의 목숨 외에는 팔 것이 아무것도 없는 사람들이 된다. 그리고 이런 본래적 의미의 것에 대다수의 빈곤이 근거하고 있다. 이들은 노동을 하면서도 그 자신 외에 팔 것이라고는 아무것도 남아 있지 않으며, 소수의 부자들은 오래전부터 일하지 않고 있는데도 끊임없이 부를 축적한다. 이러한 진부한 이야기가 매일 우리에게 재산을 보호하라고 설교하고 있다. (……) 실제 역사에서는 정복하고, 노예로 만들며, 강도질하고, 살인하기, 간단히 말해 폭력이 커다란 부분을 차지한다는 것은 잘 알려진 사실이다(M. 521)."

사회의 계급 분화를 피상적으로 통계 연습문제쯤으로 생각할지도 모른다. 그것은 한 사회의 구성원들이 특정 방식으로 분류될 수 있음을 아는 일종의 관심의 문제이다. 말하자면 계급을 '통계조사(센서스Census)' 개념으로 생각하는 것이다. 전체 인구 중에서 힌두교도들이 얼마나 되는지, 혹은 치과의사가 몇 명인지 알고자 하는 것과 같이 우리는 부르주아 계급에 해당되는 사람들이 어느 정도 되는지 알고 싶을 수 있다.

어쨌든 연구자들과 사회과학자들은 계급 개념을 가지고 더 많은 것을 하고 싶어한다. 소매상인들조차도 사람들을 사이즈별로 대, 중, 소로 분류하는데, 이는 단순히 호기심 때문이 아니라, 의류를 생산할 때 필요한 이상적 비율을 알고 싶어서다. 그렇기 때문에 우리는 여기서 예언적 또는 설명적 계급 개념을 다루고 있다. 사람들은 어떤 것들을 예언하고 설명하기 위해 어떤 기준을 적용하여 계급으로 나눈다. 소매의 예를 들면, 사람들은 구매행위를 예측하기 위해 사이즈의 관점에서 분류한다. 시장 조사자들과 사회학자들은 자주 소비행위와 관련된 형태들을 설명하고 예측하기 위해서 그들 나름의 대안적인 사회 분류 방식을 구사한다.

계급에 대한 마르크스주의적 고찰은 설명과 동시에 예측 기능을 지향하고 있지만, 훨씬 더 의미심장하면서 근본적인 성격의 것을 함축하고 있다. 우리가 이미 보았던 것처럼, 최초의 계급 분화는 사람들이 생존하기 위해 소유하고 수행해야만 하는 경제적 근거들을 기반으로 이루어졌다. 그러나 보통 계급들은 서로 '투쟁한다'고 알려져 있다. 많은 경우, 투쟁은 개인적인 성격의 것이다. 노동자들은 더 높은 임금을 받으면서 노동 시간은 더 짧기를 바란다. 자본가들은 임금은 더 낮게 주면서 노동 시간을 더 늘리기를 바란다.

마르크스는 양측이 모두 동등한 권리를 가지고 있다고 보면서, "동등한 권리들 사이에서는 힘이 결정한다(자본 344)"고 말한다. 마르크스는《자본》의 많은 장들을 이 싸움을 상세히 설명하는 데 할애하고 있다. 그 힘은 처음에는 거의 전적으로 자본가들의 몫이었지만, 노동조합의 조직과 공장 감독 및 건강, 그리고 안전과 관련된 여러 법령의 발달과 더불어 그 힘의 균형은 미세하게 이동하고 있다. 비록 작은 승리들이 모두 엄청난 노력을 기울인 결과이기는 하지만 말이다.

　프롤레타리아 계급의 성원들이 자신의 지위를 향상하는 데 공통의 이해를 지니고 있음을 인식하는 것은 이러한 발전 과정의 한 부분을 이룬다. 비슷하게도 자신들의 집단적 이익을 보호하려는 부르주아들에게 그들 상호간 경제적 경쟁자이기는 하지만, 정치적으로 더 나은 형태의 동맹으로 결속해야 한다는 사실을 깨닫게 된다. 그래서 마르크스는 양측 모두 자신들을 위해 개인적으로 투쟁하는 가운데 '계급의식'이 발달할 것이라고 예측한다. 다시 말해 각 개인들은 자신이 특정 계급의 한 성원임을 자각하게 된다는 것이다.

　이것은 그들을 새로운 차원으로 끌어올린다. 바로 이 지점에서 그들은 한 계급의 성원으로 행동할 수 있을 것이기 때문이다. 계급은 단순히 공통적으로 어떤 것을 획득하기 위해 생겨난 개인들의 모임과는 다르다. 이런 의미에서, 계급들은 실재하는 행위자로서, 이들은 시장 조사자들의 개념 틀과는 구별된다. 계급들은 세계사적 변화를 초래한다. 계급의 대립은 자본주의를 좀 더 인간적인 코뮤니즘으로 대체해주는 역동적 구조를 제공한다.

마르크스가 주장하는 바와 같이, 코뮤니즘은 계급 없는 사회가 될 것이다. 우리의 첫 번째 과제는 마르크스 사상의 토대를 이루는 역사이론인 '역사 유물론'을 상세히 설명하는 일이다.

역사

조지 버나드 쇼의 《지성적인 여인을 위한 자본주의와 사회주의 안내서*Intelligent Woman's Guide to Capitalism and Socialism*》에 따르면, 마르크스의 역사이론은 "하나의 사회는 위장을 기반으로 전진하며, 그 위장이 뇌에 가장 큰 영향을 준다"고 말한다. 마르크스의 역사이론에는 쇼의 말보다 더 중요한 의미가 들어 있지만, 최소한 출발점은 그곳이다. 무엇이 더 필요한가? 엥겔스가 《공상적 사회주의와 과학적 사회주의*Socialism: Utopian and Scientific*》에서 요약하려 했던 것을 살펴보자.

"나는 '역사 유물론'이란 (……) 용어를 다음의 관점, 즉 모든 역사적 사건들의 궁극적인 원인과 커다란 동력을 사회의 경제적 발달에서, 생산과 교환양식의 변화에서, 그리고 그 결과로 일어나는 사회의 계급 분화에서, 또 이런 계급들 사이의 투쟁에서 찾는 그런 역사 진행에 관한 관점을 지시하기 위해 사용한다(SUS 17)."

이 이론을 이해하는 데는 근본적으로 다른 몇 가지 방식이 있다. 만일 다른 사람이 이 책을 썼다면, 여러분들은 아주 다른 설명을 듣게 될 것이다. 하지만 이런 해석의 차이는 놀랄 일이 아니다. 마르크스는 자신의 이론을 명확하게 설명하지 않았다. 그것은 그의 많은 작품들 속에 함축되어 있으며, 또 재구성을 필요로 한다. 내가 따르려 하는 해석의 영감의 원천은, 마르크스가 자신의 필생의 역작을 위해 쓴 '안내 지침'이라는 것을 간략히 요약, 서술하고 있는 단 두 쪽 안에 들어 있다.

오스트리아 사회민주주의자이며 엥겔스의 저작 부문 유언집행자인 에두아르트 베른슈타인Eduard Bernstein(1850~1932)은 후일, 이 부분들을 마르크스의 관점에 대한 '정확하고도 결정적인' 언명이라고 서술하고 있다. 나아가 "다른 어떤 곳에서도 이와 같은 명료함을 도저히 찾아볼 수 없다. 거기에는 마르크스주의 역사철학과 관련된 어떤 중요한 사유도 더 필요하지 않다(진화론적 사회주의 3)." 이 부분들은 지금은 〈1859년 서문〉으로 알려진 작품 안에 들어 있다. 그것은 《정치경제학 비판을 위하여Contribution to a Critique of Political Economy》라는 경제학 저작의 서문으로 쓰인 것이다.

여기서 간과해서는 안 될 것이 있다. 즉 이런 해석들은 마르크스가 역사 발전의 본질을 '체계적'으로 설명하면서 또한 역사의 미래 진행을 확실하게 예측하고 있다고 생각한다는 점이다. 다른 사람들은 마르크스를 훨씬 덜 야심적인 형태로 해석한다. 즉, 마르크스는 역사가 어떤 특정한 경로로 진행된다는 확신은 별로 하고 있지 않다고 보는 것이다. 어쨌든 〈1859년 서문〉은 대단히 체계적인 이론을 연상시킨다.

그러나 여러분은 이런 의문을 제기할 수 있을 것이다. 즉, 만일 마르크스가 스스로 자신의 사유에 대한 안내 지침이라고 말하고 있다면, 우리는 왜 마르크스가 자신의 실제 관점을 서술했다는 그 글을 의심하는가?

비판자들은, 어쨌든 《정치경제학 비판을 위하여》가 곧 마르크스의 걸작 《자본》 1권으로 대체되면서 절판되었다는 사실을 지적한다. 마르크스가 서문의 재판을 찍지 않았기에 어떤 이들은 그 작품이 그렇게 중요하게 취급되어서는 안 된다는 것이다 (그렇지만 우리는 축약된 버전이 《자본》에서는 주석으로 등장하고 있음을 지적하고자 한다. 자본 175). 또한, 마르크스가 이 글에서 계급 투쟁을 명시적으로 언급하고 있지 않기에 그것이 마르크스의 사유에서 중심적 지위를 차지할 수는 없다고 지적되기도 한다. 그리고 이 작품이 경찰 검열을 통과했다는 사실은 상황을 더욱 복잡하게 만든다. 마르크스가 혹시 그의 생각의 여러 측면들을 주도면밀하게 위장했던 것은 아닐까?

이렇게 몇 쪽의 글이 마르크스 해석에서 큰 비중을 차지한다는 가정이 과연 옳은가를 둘러싸고 치열한 논쟁이 벌어졌다. 여기서 나는 이것에 개입하지 않는다는 단순한 편법을 써서 그런 논쟁들을 비껴갈 생각이다. 그 대신 마르크스가 서문에 구성해놓은 이론이 자신의 사유의 대강을 보여준다고 했을 때 그가 염두에 두고 있었던 것을 가볍게 생각해보기로 하자. 마르크스가 서문에서 언급한 것은 그의 다른 저작들에서 반복되고 있다. 새로운 것은 오직 서문에만 모두가 함께 들어 있다는 것이다.

마르크스의 이론을 이해하기 위해서는, 몇 가지 복잡한 사정들을 검토하기 전에 하나의 단순화된 상으로부터 시작하는 것이 좋을 것이다. 즉 마르크스 사상의 핵심은, 인간의 역사는 본질적으로 인간의 생산력이 발달해온 과정이라는 것이다. 인간 존재는 다른 동물들과는 구별된다. 인간은 자신이 원하고 필요로 하는 물건들을 생산하고자 하는 본성에 따라 행동한다.

인류사를 끌고 가는 동력은 생산양식의 발달로, 이것은 더욱더 복잡하고 교묘하며 정교해지고 있다. 그러한 발달은 항상 어떤 경제구조 내부—노예제, 봉건제, 자본주의제, 혹은 언젠가는 코뮤니즘—에서 일어나는 것이다. 그러나 경제구조는 어떤 하나가 다른 것을 밀어낸다. 예를 들어, 봉건주의는 자본주의로 전환된다. 이것은 무엇을 의미하는가?

마르크스에게 경제구조는 흥하고 쇠하는 것으로, 마치 그것들이 인간의 생산력을 촉진하고 방해하는 것과 같다. 어느 정도의 기간 동안은—아마도 매우 오랫동안—한 경제구조가 생산력의 발달을 보조하고, 기술적 진보를 촉진할 것이다. 그러나 마르크스는 이것이 일반적으로 오래 지속될 것이라고 생각했다. 실제로 경제구조는(분명히 코뮤니즘을 제외하고는) 어떤 것이든 그 이상의 성장을 방해하는 경향이 있다. 마르크스의 용어로 하면, 생산력의 그 이상의 발전에 '족쇄를 채운다'. 기술은 현존하는 경제구조 내에서는 성장할 수 없다. 이 점에서 경제구조는 생산력에 '모순된다'고 말한다.

그러나 이런 모순은 무한히 계속될 수 없다. 경제구조가 더이상 지탱할 수 없는 시간이 온다. 왜냐하면 그것이 진보—생산력의 발전—를 담보할 수 없기 때문이다. 지배계급은 자신들의 통제력을 상실하기 시작할 것이며, 이 점에서 경제구조는 '산산이 파괴'되어 사회혁명의 시기로 이행한다. 한 사회 형태가 다른 것으로 대체되는 것처럼, 한 지배계급은 몰락하고 다른 계급이 지배적으로 된다. 이것이 자본주의가 봉건주의를 대체했다고 언급되는 이유이며, 자본주의가 어떻게 코뮤니즘 사회로 이행하게 되는지를 설명해준다.

위의 마지막 문장에 이르기까지 많은 독자들은 이론과는 반대되는 그 어떤 것을 거의 찾을 수 없을 것이다. 인간의 역사가인간의 생산력 발달의 역사라는 것은 상당히 그럴듯해 보인다. 하나의 사회 구성체는 그것이 성장을 방해할 때 소멸하고 생겨난다는 것도 역시 그럴듯해 보인다. 그러나 이런 순진무구하게들리는 주장들을 받아들인다면, 여러분들은 역사 유물론을 통째로 수용한 것이나 다름없으며, 이미 마르크스주의자가 된 것이다. 물론 어떤 것도 그렇게 단순하지는 않다. 예를 들어 마르크스 이론의 큰 줄기는 받아들이면서도, 그가 도출하려 했던 예언들은 의문시할 수 있을 것이다. 그러나 우리는 어떤 것들을 평가하기 전에 좀 더 자세한 내용을 알 필요가 있다.

지금까지 마르크스의 역사이론에서 뚜렷이 눈에 띄는 두 가지 요소를 언급했다. 인간의 생산력과 경제구조다. 이런 경제구조에 대한 생각은 노예제, 봉건제, 자본제, 코뮨제 등의 예를 보면 쉽게 이해할 수 있을 것이다. 그것은 지배적인 '생산관계'로 특징 지어진다. 예를 들어, 노동력을 구매할 수 있는 부를 가진 사람에게 자신의 노동력을 임대한 노동자들에 의해 생산이 수행되는 사회는 자본주의적인 경제구조를 가지고 있다. 다른 한편, 어떤 사람들이 합법적으로 소유한 사람들에 의해 생산이 수행되는 사회는 노예제의 경제구조를 가지고 있다. 사회 내에서 이루어진 계급 분화의 독특한 형태들은 곧 그것이 내포되어 있는 경제구조의 형태를 상징한다.

이제 세 번째 요소인 정치적, 법적 '상부구조'를 언급할 때가 되었다. 이 상부구조에는 법, 법원, 의사절차 등과 같은 한 사회의 법적, 정치적 제도들이 포함된다. 마르크스의 사회에 대한 이미지는 건축적이다. 가장 밑바닥에서 사회의 토대를 제공하는 것은 '생산력'이다. 말하자면 지금까지 인간의 생산력이라고 불러왔던 것이다. 그 다음 단계에 있는 것은 경제구조이며 (혼란스럽게도 토대로서 알려져 있다), 그 위에 법적, 정치적 상부구조가 있다.

우리는 이런 개념들을 가지고 비로소 역사 유물론의 중심 주장을 좀 더 정확하게 이야기할 수 있게 되었다. 먼저 '발전 테제'라고 불리는 것인데, 생산력이 시대를 넘어 발달한다는 주장이다(다른 말로, 인간의 생산력은 성장하는 경향이 있다). 우리는 생산량을 점점 더 늘릴 수 있으며, 더 짧은 시간에 더욱 많이 생산할 수 있다는 것이다.

다음으로, '으뜸가는 명제' 두 가지가 있다. 첫째는 한 사회 내의 생산력의 발달 수준—그것의 가용 기술—이 그 사회의 경제구조를 결정한다는 것이다. 마르크스의 《철학의 빈곤 Poverty of Philosophy》에 나오는 유명한 예를 보면, "맷돌은 봉건 영주의 사회를 가져다줄 것이며, 증기 분쇄기는 산업자본가들의 사회를 가져다줄 것이다(M. 219~220)."

왜 이렇게 되는가? 왜 한 사회에 사용되는 기술이 그 사회의 경제구조를 결정하는가? 《임금 노동과 자본 Wage-Labour and Capital》에서 마르크스는 군대의 예를 들어 요점을 설명한다.

"새로운 전투 도구, 병기가 발명되면 군대의 전체 내부 조직은 변하지 않을 수 없다. 개인들이 군대를 조직하고 또 어떤 군대로 활동할 수 있는 관계들은 형태 변화되었고, 서로 다른 군대들 상호 간의 관계 역시 형태 변화하였다(M. 281)."

이는 곧 기술을 효율적으로 발전시키기 위해 인간은 작업형태를 변화시켜야 했을 것이며, 이 변화로 말미암아 권력구조에서도 변화가 일어났을 것이라는 말이다.

더 상세한 군사적인 예로 이동식 야포를 살펴보자. 이 병기를 사용하려면 세 사람이 필요하다고 가정하자. 이럴 때 군사적인 맥락에서 가장 합리적인 방법은 그들 중 한 명이 다른 두 사람을 감독하게 하는 것이다. 그렇게 하지 않으면, 있으나마나 한 것이 되거나, 손실마저 입을지도 모르며, 언제 어떻게 대포를 전투에 사용할 것인가에 관해 토론하다 끝날 수 있다는 것이다. 그래서 어느 한 사람이 최종 결정을 내릴 수 있어야 한다. 말하자면 다른 두 사람을 지배할 수 있어야 한다.

그러므로 권력이 어떤 것에 도달하려고 할 때는 감히 불복종하는 사람들에 대해서는 제재와 처벌 등을 동원해서 체제를 뒷받침해야 한다. 이와 같이 군사적 맥락에서는 아주 분명하게 드러나는 이런 관계들은, 찾아내기가 쉽지는 않지만 대체로 경제적 맥락에서 봤을 때도 마찬가지 사실이다.

산업혁명 동안에 일어난 엄청난 기술 발전을 한 번 생각해보자. 이 혁명은 작업 방식을 변화시켰으며, 그와 더불어 관습과 규범, 그리고 소유 형태와 권력구조 등을 변화시켰다.

이런 생각들을 통해 우리는 마르크스의 제2 명제에 도달하게 된다. 이 명제는 한 사회의 경제구조의 본질이 그 사회의 정치적, 법적 상부구조의 본질을 결정한다는 것이다. 즉, 지배계급의 경제력은 공고하게 보호받아야 하기에 정치적, 법적 상부구조가 이것이 가능하도록 스스로를 조정한다는 것이다. 우리는 이미 마르크스의 초기 저작들을 살필 때 이런 명제들의 한 관점을 검토한 바 있다. 자유주의 국가들은 각 개인들 사이에서 중립을 유지하고, 서로 갈등을 빚고 있는 요구들 사이에서 공정한 중재자인 체한다. 그러나 현실적으로 자유주의 국가는 부르주아의 이해를 공고히 하기 위해 존재한다. 이것이 마르크스주의 사회이론의 영역이다. 매우 섬세한 설명들도 있지만, 제일 거친 것들이 가장 낯익다. 대규모의 사업거리는 곳곳에 널려 있다. 정당 설립, 정의 시스템에 영향 미치기, 선거 때 의제 설정하기 등이다. 요약하면, 법과 정치는 산업 자본에 봉사하고 있다. 상부구조는 지배계급의 경제적 이익에 봉사하고 있기에 경제구조를 공고히 한다.

이것은 정말 진실인가? 진실이라면 왜 노동조합이 허용되어 있는가? 왜 대학들은 공학부와 마찬가지로 교양학부를 운영하고 있는가(왜 마르크스주의를 강의하게 놔두는가)? 왜 다국적기업들이 법정 송사에서 언제나 이기는 것은 아닌가?

이에 대해 마르크스주의자들은 대답할 수 있다. 법과 정치가 경제적 이익에 봉사하고는 있지만, 그것은 널리 알려진 것처럼 경제 엘리트들의 이익 때문만은 아니다. 자본주의는 몇 가지 경우의 법정 다툼에서는 패배를 맛볼 자본가들을 필요로 하며, 몇 사람은 박사학위를 받고 졸업할 수 있도록 하여 자신의 진면목을 감출 필요가 있다. 너무 명료해서는 안 된다.

이것은 자본주의를 신뢰하는 사람들을 만족시켜주는 입장일 것이다. 더 실망스러운 상황에 빠지기를 싫어하는 사람들 말이다. 말하자면 자본가 계급의 이익에 반하는 정치와 법이 있다는 어떤 명백한 증거들도 마르크스주의자들에게는 자본주의가 사람들을 헷갈리게 만들려는 멋진 짓거리로 보일 것이다.

매사가 다 마르크스주의의 진리를 확인해준다는 생각은 마르크스주의에 대한 혹독한 비판가인 포퍼Karl Popper(1902~1994)로부터 조롱받았다. 그는 1919년 빈에서 겪은 학생 시절의 경험을 다음과 같이 쓰고 있다.

"마르크스주의자들은 신문의 매 페이지에서 역사에 대한 자신들의 해석을 확인해주는 증거들을 찾아내지 못하면 신문을 보려 하지 않았다. 다시 말해, 뉴스에서뿐만 아니라 뉴스가 제공되는 방식에서도—이것은 신문의 계급적 편향을 드러내준다—또 말할 것도 없이 신문이 언급하지 않았던 것에서도 말이다(포퍼 35)."

그러나 분별 있는 마르크스주의자들의 입장에서는, 실제의 일상정치는 때때로 노동자들이—그리고 지식인들까지도—장애를 무릅쓰고 승리하는 저 계급투쟁 등을 포함하는 많은 요인들에 의해 결정된다고 본다. 그러나 장기적으로 보면 부르주아는 중요한 정치적, 법적 투쟁에서 대부분 승리할 것인데,

최소한 그들이 경제적으로 지배적 위치에 있는 동안은 그럴 것이다.

그러나 한 걸음 더 나아가보자. 우리에게는 발전 명제("인간의 생산력은 성장한다")와 두 가지 주요 테제가 있다. 두 테제는 모두 경제구조의 본질은 생산력에 의해 설명되며, 상부구조의 본질은 경제구조에 의해 설명된다고 주장한다. 우리는 여기에 사회의 지배 이념은 경제구조의 필요에 의해 결정된다는 것을 덧붙이고자 한다. 마르크스는 《독일 이데올로기German Ideology》와 《공산당 선언》에서 다음과 같이 이야기하고 있다.

> "지배계급의 이념은 각 시대의 지배 이념이다. (……) 지배 이념은 한 계급을 지배 계급으로 만드는, 유력한 물질적 관계의 이념적 표현이다(M. 192, 260)."

이것이 바로 마르크스주의적인 이데올로기 이론이다. 예를 들어, 어떤 사회가 사유재산 제도와 재산법에 대한 관련 규정을 갖추고 있다면, 우리는 도둑질에 대한 매우 강력한 도덕적 금기를 지니게 된다는 식이다. 우리는 고용제도와 방대한 고용법 조항들을 갖추고 있을 뿐만 아니라, 비자발적인 경우에도 실업상태가 거의 도덕적 타락이라는 태도를 내면화하고 있다.

따라서 우리는 법과 정치가 자본주의의 요구에 순응하고 있다고 볼 뿐만 아니라, 사람들의 인식이 그것을 유발하고 있다고 본다. 여기에는 도덕, 종교, 형이상학 등의 관념이 포함된다 (M. 180).

이것이 얼마나 강제력이 있건 간에, 이 중 어떤 것을 '코뮤니즘의 도래'와 관련된 것으로 보아야 할지는 아직은 대단히 불명확하다. 누군가가 언급된 것들 전부를 그 정도까지 신뢰할 수는 없다면, 코뮤니즘의 도래 가능성에 관해서는 아무런 전망을 가지고 있지 않다는 것일까? 사실 어떻게 해서 하나의 경제 구조가 다른 형태로 넘어가는지에 대해서 우리는 아직까지 거의 알지 못하고 있다.

물론 마르크스에게 자본주의는 종말일 뿐만 아니라 시작이기도 하다. 말하자면, 자본주의 이전에는 봉건주의가 있었다. 우리는 자본주의가 어떻게 종말을 맞을 것인가라는 물음에 통찰력 있는 답변을 얻어내기 위해 자본주의의 탄생을 살펴볼 것이다. 공식적인 마르크스주의적인 설명에 따르면, 봉건 경제구조들은 더 이상 생산력을 발전시킬 수 없었기에 몰락했다. 그것들은 궁극적으로 생산력을 발전시킬 수 있었던 자본주의적 구조들로 대체되었다.

이것은 봉건주의의 구슬픈 종말에 관한 이야기로, 힘에 넘치면서도 아주 재미있게 읽을 수 있는 엥겔스의 팸플릿 《공상적 사회주의와 과학적 사회주의》와, 마르크스의 《자본》 1권의 마지막 몇 장에 언급되는 것이다. 봉건제하에서의 생산은—여기서는 농업 생산이 아닌, 도시에서의 생산과 관련한 것이다—길드 시스템 내에서 이루어졌다. 사람들이 어떤 품목을 생산하여 판매하려면, 반드시 해당 길드에 소속되지 않으면 안 되었다. 소속원이 되기 위해서 사람들은 지역 영주에게 대가를 지불하고 면허를 구매해야 했는데, 이때 영주들은 면허를 지속적으로 불충분히 공급하여 그 가격을 높이 유지함으로써 이익을 극대화하였다.

그 대가로 봉건 생산자들은 경쟁으로부터 법적인 보호를 받았다. 나아가 (원 안의 사람들은 마법에 걸린다는 '마법의 원'과 아주 비슷하게) '신입자'에게만 통용되는 '기업비밀'을 이용하여 스스로를 보호하였다. 이렇게 봉건 수공업은 옛날부터 내려온 방식으로 장인과 도제들에 의해 유지되었다. 이것은 우리가 살펴보았던 것처럼 마르크스에게는 하나의 소외되지 않은 생산 패러다임을 의미했다.

그렇게 보호를 받는 한, 이 시스템 내에서는 누구도 생산단위 내에 노동 분업을 도입하여 이 안락한 리듬을 깨려고 하지 않을 것이다. 아무런 내적인 동기유발 요인이 없기 때문이다. 물론 마르크스가 노동의 사회적 분업이라고 부른 것이 있기는 하지만—누구는 의자를 만들고, 누구는 신발을 만든다—장인들은 보통 대상물 전체를 만들려고 한다. 의심할 바 없이 약간의 노동 분업은 있었다. 도제들은 쉽거나 보이지 않는 단위들을 맡았지만, 오늘날 자본주의 아래 발달된 생산라인에서 보듯이 정밀한 과제에 집중하는 것 같은 일은 없었다.

그렇게 본다면, 봉건주의가 인간의 생산력의 발전에 족쇄를 채우고 있다는 것은 분명하다. 그것은 고도로 효율적인 새로운 생산양식이 도입되는 것을 방해한다. 이런 새 생산양식을 통해서 단일한 상품을 생산하는 것은 많은 사람들을 결합하는 일일 것이며, 생산 과정의 한구석에 자리 잡고 있는 각각의 전문가들을 결합시키는 일일 것이다.

애덤 스미스는 노동 분업이 이루어내는 기적에 깊은 감명을 받아, 《국부론》의 서두를 핀 공장의 썩 바람직하지 않은 날품팔이 노동자들의 이야기로 시작하고 있다. 스미스의 주장에 따르면, 미숙련 노동자가 혼자 작업한다면 하루에 핀 하나를 겨우 만들어낼 뿐, 20개 이상은 만들어낼 수 없을 것이다. 그러나 현대의 공장은 핀 하나의 생산을 18개의 분리된 업무로 나누고, 하나 또는 두 개의 직무마다 전문가를 한 명씩, 전체 10명을 배치하면, 각각 독자적으로 작업할 때 만들어낼 수 있을 양인 최대 200개를 뛰어넘어 하루에 4만 8천 개의 핀을 생산할 수 있다고 지적한다. 스미스는 노동 분업이 도입된 곳에서는 어디에서나 생산이 극적으로 증가했다고 논증하고 있다(물론 우리가 보았던 것처럼, 스미스는 이것이 노동자들의 작업의 질에 끼치는 해악에 눈감고 있지는 않았다).

노동 분업이 지닌 잠재력을 이용할 줄 몰랐기 때문에―왜냐하면 그것에는 아무런 동기유발 요인이 존재하지 않기에―봉건주의는 몰락하기에 이르렀다고 마르크스는 말하고 있다. 마르크스에 의하면, 신세계와 식민지들을 약탈해서 부유해진 모험적인 신흥 계급은 항구나 시골 등과 같이 봉건도시의 물리적, 법적 영역 밖의 지역에서 생산을 시작했기 때문이다.

> "아메리카에서의 금과 은의 발견, 이 대륙의 토착민들을 풍부한 자원으로 하여 종족 멸종시키기, 노예 만들기와 매장하기, 인도의 정복과 약탈의 시작, 그리고 아프리카가 '검은 피부'를 상업적으로 사냥하는 '자연보호구역'으로 전환된 것 등, 이 모든 것들이 자본제 생산시대의 새벽을 특징짓는다(자본 915)."

더 값싼 상품들을 생산해서 동일한 시장에 판매하면서 이 신흥 공장주 계급들은 경제 주도권을 획득하여, 이제 구시대적이 되어버린 길드 생산자들을 대체하였다. 이것이 봉건주의 몰락의 핵심이다.

이제 〈1859년 서문〉에서 마르크스는 '사회혁명'을, '사람들이 이런 투쟁들을 알게 되어 끝까지 싸우는 이데올로기 형식'과 구분한다. 확실히 이런 식의 구분은 여러 방식으로 읽을 수 있겠지만, 하나의 방법은 마르크스가 경제혁명과 정치혁명을 구분하고 있다고 가정하는 것이다. 경제혁명이란 한 형태의 경제구조가 다른 것을 대체하는 것이요, 정치혁명이란 어떤 새로운 계급이 공식적으로 정치적, 법적 권력을 장악하는 것을 의미한다. 따라서 길드에게 면허를 내주는 영주와 길드 사이의 봉건적 관계는 자본가와 노동자들로 대체되었다. 여기에는 새로운 생산양식이 포함될 뿐만 아니라, 새로운 권력구조와 기대치 등이 포함된다. 도제들은 언젠가는 자기도 권리를 지닌 길드 조합원이 되리라는 희망을 품고 일해왔다. 그러나 프롤레타리아 계급에 해당되는 어떤 사람이 일이 잘 진행되면 자신도 자본가가 될 것이라고 생각한다면, 아주 그릇된 것이다.

이렇게 우리는 어떻게 경제혁명이 일어나는지를 최소한 마르크스와 엥겔스에 의거하여 살펴보았다. 그러면 정치혁명은 어떠한가? 역사서의 입장이기는 하지만—이것은 대단히 중요하다—엥겔스는 최소한 영국에서의 정치혁명은 상대적으로 덜 중요한 일련의 사건들이 오랫동안 지속됨으로써 생겨난 결과라고 지적하고 있다.

그 시작은 1688년의 '명예혁명'으로 볼 수 있다. 이 혁명에서 제임스 2세는 윌리엄과 메리를 위해, 그리고 1689년의 권리장전의 제정에 유리하도록 폐위된 바 있다. 물론 이 권리장전은 의회가 군주보다 우세하도록 규정되어 있었다. 마지막 승리는 1846년에 '곡물법'의 폐지로 얻어졌다. 이 곡물법은 곡물의 수입을 금지해서 곡물의 가격을 유지하고, 그에 따라 빵의 가격도 인위적으로 높이 유지하도록 만든 법안이었다.

한편 이 법안은 노동자들의 승리라는 인상을 주고 있기는 하지만, 실질적인 수혜자는 부르주아이다. 부르주아들은 자신들이 고용한 노동자들을 굶겨 죽이지 않으면서도 더 낮은 임금을 지불할 수 있게 되었다. 잃은 자들은 토지를 소유한 귀족들로, 그들은 보호받고 있었던 시장 안에서의 지위를 잃어버리면서 그동안 누리던 초과이익도 함께 사라져버렸다. 천천히, 그렇지만 확실히, 군주제를 기반으로 한 귀족의 지배는 자본가 계급에 의해 관리되는 의회 지배와, '입헌 군주'의 제정으로 대체되었고 결국 군주는 이름에 불과한 존재가 되어버렸다.

모든 요소들이 이제 제자리를 찾았다. 봉건적인 경제구조들은 생산력의 발전을 저해했다. 기회가 다가오자, 신흥계급은 다른 형태의 경제적 관계를 구성하려 했으며, 훨씬 더 발전된 생산력을 이용할 수 있었던 덕택에 발전을 더욱 촉진했다. 그 결과 일어난 경제혁명은 봉건 귀족들의 정치적 지배력을 약화시켰으며, 이에 따라 정치혁명이 서서히 타올라 마침내는 그들의 성채에서 완전히 추방시켜버렸다.

그리고 새로운 자본주의 시대가 열렸다. 자본주의 경제구조는 결국에 가서는 부르주아의 지배와 결합되어 있다. 다른 말로 하면 상부구조는 새로운 자본주의적 경제구조를 공고히 하고 안정시킨다. 크게 보아 자본주의가 본래 갖고 있는 경쟁적 성질 때문에 생산력은 급속히 발전하며, 자본주의는 과거에는 꿈꾸지 못했을 정도로 기술 발전의 족쇄를 풀어놓은 결과, 그 발전은 오늘날에도 계속되고 있다. 그것은 마르크스가 《공산당 선언》에서 언급한 대로, "부르주아는 끊임없이 생산 도구들을 혁명화하지 않고서는 존재할 수 없(M. 248)"기 때문이다. 혁신이냐 아니면 죽을 것이냐가 자본주의의 논리다.

이제 마르크스는 확신을 갖고 생각한다. 즉 봉건주의가 생산력의 발전에 족쇄를 채웠던 것처럼, 궁극적으로는 자본주의도 그럴 것이라는 생각이다. 마르크스는 때때로 자신이 그런 일들을 증언하고 있다고 생각한다. 자본주의적 경쟁은 기술 발전의 주요 장애물로 변화하리라는 것이다. 그러나 어떻게 이런 일이 일어날 수 있다는 말인가? 그 대답은 마르크스의 자본주의 경제 분석 안에 들어 있다.

자본주의 경제학

《자본》 1권은 19세기의 가장 위대한 혁명적인 작품이요, 고도의 질서를 지닌 반란적인 텍스트다. 이 책은 놀랍도록 세속적인 프로젝트부터 시작하고 있다. "자본주의 생산양식이 지배하는 사회의 부는 '무한한 상품의 축적'으로 나타난다. 그것의 단위는 단일 상품이다. 우리의 탐구는 이 때문에 상품 분석으로부터 시작하지 않으면 안 된다(M. 458)."

각 상품들은 '사용가치'로 이해될 수 있으며―그것은 특별한 용도를 지닌 하나의 대상으로 존재하며―동시에 '교환가치'―다른 상품들과 특정 비율로 교환할 수 있는 어떤 것―로 존재한다. 마르크스는 사용가치란 개념이 상대적으로 신비롭지 않은 것이라고 생각하는데, 그 이유는 상식이나 과학 모두, 상품들이 왜 특정 용도를 가지고 있는지를 말해줄 수 있기 때문이다. 모든 사회가 살아남고자 한다면, 사용가치(사용가치를 지닌 물건들)들을 생산하지 않으면 안 된다.

교환가치는 좀 더 놀라운 현상으로 주목을 끈다. 한 상품과 다른 상품의 교환 비율은 무엇을 설명해주는가? 마르크스의 대답은 모든 것은 상품을 만드는 데 노동이 얼마나 투입되는가에 달려 있다는 것이다(또 그들의 생산행위에 사용된 기계들을 생산하거나, 상품을 만들어낸 원자재를 획득하는 데 들어간 노동의 양에 달려 있다는 것이다).

간단히 말해 궁극적인 노동 투입량이 최종적인 상품의 가치를 설명한다는 것이다. 동일한 노동이 투입된 상품군은 동일한 가치를 지닐 것이다. 교환가치는 역사적으로 우연적인 현상이다. 왜냐하면 그것은 교환이 이루어진 사회 내부에서만 일어날 수 있기 때문이다.

마르크스는 노동(교환)가치 이론을 더 정밀하게 만들기 위하여, 상품의 가치는 그것이 생산되기 위해 요구되는 '사회적 필요' 노동 시간에 의해 규정된다고 주장한다. '사회적 필요'가 의미하는 바는 '해당 산업 분야에서 평균 수준의 숙련도와 노력을 기울였다'는 것으로, '게으르거나 비효율적인 노동자'들의 문제를 우회하기 위해 도입된다. 만일 가치가 실제의 노동 시간에 따라 결정된다면, 굼뜬 노동자가 생산한 상품이 평균적인 노동자가 생산한 동일한 상품보다 더 가치가 높아질 것이다. 가치란 실제 노동 시간이 아니라 사회적 필요 노동 시간에 비례한다는 생각을 받아들이면, 이런 불합리성을 피할 수 있을 것이다.

이제 우리는 마르크스의 노동가치론의 최초의 언명과 만나게 되었다. 그것은 상대가격 이론으로 소개된다(그것의 궁극적인 형태는 《자본》 3권에 나오지만 상당히 복잡하다. 여기서는 다루지 않겠다).

마르크스의 노동가치론은 경제적 관점에서 보나 정치적 관점에서 보나 매우 혁명적이다. 고전 경제학자 애덤 스미스와 데이비드 리카도는 그들의 추종자들이 했던 것과 마찬가지로 여기서 제안된 노동가치론의 관점을 이전부터 갖고 있었다.

그러나 마르크스는 자신이 사물을 좀 더 심층적으로 다루는 깊이 있는 통찰을 제공할 수 있으리라고 느꼈다. 첫째, 다른 경제학자들이 사용가치와 교환가치를 구분—하나의 생산물은 무엇을 위해 사용될 수도 있고, 판매될 수도 있다—했음에도 마르크스는 다음과 같이 주장한다. 즉 노동이 생산물을 이런 두 가지 성격으로 만들어낼 수 있다면, 노동도 바로 이런 이중적 관점에서 고찰하지 않으면 안 된다는 것이다.

마르크스는 노동이란 반드시 '구체노동'과 '추상노동' 두 가지로 고찰되어야 한다고 주장한다. 구체노동은 사용가치를 창출한다. 그것은 특정한 형태와 목적을 지닌 노동으로서, 특정한 형태와 목적을 지닌 재화를 생산한다. 추상노동은 교환가치를 창출한다. 그것은 오로지 '지속'이란 하나의 고유한 형태만을 가진다. 그것이 창조한 대상의 유일하게 고유한 형태는 가격이다.

이리하여 자본주의 아래에서 노동은 추상적이면서 동시에 구체적이며, 노동의 산물은 사용가치와 교환가치를 가진다. 1867년 마르크스는 엥겔스에게 보낸 편지에서 다음과 같이 말하고 있다. "'노동의 이중적 성격'에 대한 설명은 '나의 책에서 가장 훌륭한 부분' 중의 하나이다(M. 564)."

이것이 왜 그토록 중요한 것일까?《자본》에서 암시하고 있는 이 '부분'은 바로 노동의 이중적 성격으로 인해 자본주의적 생산 내부에 갈등이나 분열이 일어난다는 사실이다. 사용가치를 생산할 때 사람들은 그 목적에 잘 부합하는 대상을 만들고자 한다. 셔츠는 편안하면서 잘 맞아야 하고 내구성 등이 좋아야 한다. 그러나 교환가치의 관점에서는 가격이 얼마이며, 비슷한 생산품들이 앞으로도 꾸준히 팔릴 수 있는가 하는 점이 중요하다. 그래서 셔츠를 너무 오래 입지 않도록 만들어야 한다. 생산이란 반드시 두 가지 목적에 이바지해야 한다. 즉, 사용가치의 창출과 교환가치의 지속적인 창출이다. 후자에 대한 요구들은 전자와 타협해야 할 것으로, 그것은 생산하는 존재로서 우리의 본성을 좌절시킨다(소외의 또 다른 형태).

이것이 마르크스의 자본주의 경제에 대한 주요 통찰 중 첫 번째 것이다. 두 번째는 교환가치에 관련된 것이다. 특히 자본가는 어떻게 이익을 내는가 하는 질문과 관련된다. 어떤 점에서는 매우 간단한 답인데도 정말 우리 모두는 그 답을 알고 싶어한다. 싸게 사서 (할 수 있다면) 비싸게 팔기. 그러나 이것은 자본가들이 일반적으로 이익을 내는 것이 어떻게 가능한가를 설명하기에는 충분하지 못하다. 말하자면, 어떻게 해서 전체 자본주의 경제는 매년 이익을 낼 수 있는가? 엥겔스가 마르크스의 묘지에서 행한 연설에 따르면, 이전의 모든 경제학자들이 낭패를 보았던 질문이다.

문제를 분명히 하기 위해, 두 가지 대조적인 형태의 경제학을 고찰해보자. 이들 양자는 모두 재화의 생산과 교환을 포함하고 있다. 첫 번째, 상대적으로 낮은 발전 단계의 경제에서는 개인들은 재화를 생산하거나, 마르크스 식으로 말하자면, 상품들을 생산한 다음, 자신들이 원하거나 필요로 하는 상품들을 구매할 수 있는 화폐를 획득하기 위해 판매한다. 구두장수는 구두를 만들어 식품과 의류를 살 돈을 획득하기 위해 판매한다. 마르크스는 이것을 '상품 순환'으로 제시하고 있다.

$$C - M - C$$

C는 상품commodity을 나타내며, M은 화폐money를 의미한다. 노동자들은 상품을 만들어 판매해서 생긴 화폐로 다른 상

품들을 구매하고 소비한다. 이야기는 여기서 끝난다.

이제 산업 자본가의 행동을 살펴보자. 그/그녀는 여러 종류의 상품들을 구매한다. 이것들은 노동, 공장 설비, 원료 등의 범주로 쉽게 분류된다. 이것들은 상호 결합되어 새로운 상품으로 생산된 다음 판매된다.

그러나 이 순환 과정의 마지막에 획득한 화폐가 처음에 지불한 화폐보다 더 크지 않는 한, 이런 성가신 일을 떠맡을 이유는 전혀 없다. 이를 마르크스는 '자본의 순환'이라고 부르며, 다음과 같이 표현한다.

$$M - C - M'$$

여기서 M은 선대先貸된 화폐이며, C는 구매되어 형태 변화된 다음 판매된 상품을 의미한다. 그리고 M'은 생산된 재화들을 판매하여 받은 증가한 화폐량을 말한다. 이익을 내기 위해 선대된 화폐는 '자본(여기에서 '자본주의'라는 말이 나왔다)'이라고 부른다. 이것의 가장 순수한 형태가 은행업으로, 다음과 같이 단기적인 멋진 순환운동을 한다.

$$M - M'$$

화폐는 생산이나 판매 등을 하여 손을 더럽히지 않고 순수하게 총액을 증가시켜 회수하기 위해서만 선대된다.

M—C—M′ 에서—마르크스에게는 자본주의적 생산의 패러다임이다—자본가는 이익을 낸다. 마르크스는 이렇게 묻는다. 만일 모든 것이 그 가치대로 교환된다면 어떻게 이익을 낼 수 있는가? 말하자면, 우리는 운이 좋을 경우, 변동하는 가격들의 시장 내에서 이익 내는 법을 알고 있다.

그러나 가격이 변동하지 않을 경우, 이익은 도대체 어디에서 생겨날까? 어떻게 해서 그것이 균등화에까지 도달하게 되는 것일까? 우리는 이것이 하나의 수수께끼임을 고백해야만 한다. 우리는 지금 자본주의가 어쨌건 간에 매년 순이익을 내고 있으며 '투자'는 당연히 '수익'을 가져온다는 생각에 익숙해져서, 다음의 질문을 잊고 있다. 이익은 도대체 어디에서 유래하는가?

마르크스는 우리가 이 어려움을 통감하기를 바랐다. 왜냐하면 그는 자신이 경제사상사에서 이 문제를 풀 수 있었던 최초의 사람이라고 생각했기 때문이다. 그리고 많은 페이지를 최종 해결책을 탐구하는 데 할애했다. 마지막에 가서 그는 우리에게 그 비밀을 가르쳐준다. 그는 그것을 사용하면 지불한 것보다 더 많은 가치를 창출하는 어떤 상품이 있지 않으면 안 된다고 말한다.

또한 우리에게 말하기를, 그런 종류의 특별한 상품이 있는데,

바로 노동력이라고 한다. 내가 부자 혹은 자본가라고 가정하고, 노동자 한 사람을 하루 동안, 즉 '하루 동안의 노동력'을 구매했다고 가정해보자. 이에 대해서 나는 얼마를 지불하면 좋은가? 거래관계를 다룬 글이나, 기초경제 이론에서 배운 대로라면, 여러분은 먼저 수요와 공급부터 이야기할 것이다. 그 직무에 얼마나 숙련되었는지, 그것을 수행하는 데 필요한 기술이 어느 정도인지, 또 경우에 따라서는 그 일이 얼마나 힘든지 등을 이야기할 것이다.

그러나 마르크스에게 이런 것들은 모두 피상적일 따름이다. 그는 노동의 가격은 궁극적으로는 다른 상품과 같은 방식으로 결정된다고 생각했다. 말하자면, 그것의 생산을 위해 요구되는 사회적으로 필요한 노동력의 양에 의해 결정된다.

이 말은 좀 낯설게 들린다. 하루 동안의 노동력을 생산하기 위해 드는 시간은 얼마일까? 아마도 그것은 노동자가 하루를 살아가기 위해 필요한 상품, 즉 식료품, 주택, 의복 등을 생산하는 데 드는 시간일 것이다(어떤 시각에서는, 마르크스도 노동자 가족의 부양을 언급하고 있다고 하지만, 이 복잡한 문제는 다루지 않겠다). 나아가 고도로 훈련된 노동자가 평범한 사람들보다 더 많이 생산하도록 하기 위해서는 비용이 더 든다. 마르크스의 분석에 따르면, 이것이 그들이 더 비싼 이유다. 훈련 비용은 전체 노동생활에 걸쳐 그들의 생산물에 배분된다.

당시의 마르크스에게는 노동력이란 다른 것들과 마찬가지로 하나의 상품이었다. 그것은 구매될 수 있으며, 시장에서 그 가치대로 팔린다. 때문에 경제학자들이 그렇게 좋아하는 단순 모델들 중의 하나를 채택해서, 한 노동자가 생존하기 위해 한 바구니의 상품을 필요로 한다고 가정하자. 그리고 바구니에 들어 있는 상품들이 다른 사람들이 행할 4시간 분량의 노동을 포함하고 있다고 가정해보자(말하자면 이 상품들은 모두를 합산하면 생산하는 데 4시간이 걸린다).

이때 노동자들의 가격은 바구니에 들어 있는 상품 가격의 총합이 될 것이다. 다른 말로 하면, 하루의 임금은 이 재화들을 생산하기 위해 충분한 화폐의 총합이 될 것이다. 노동자가 이와 균등한 가치를 창출하기 위해서는 4시간을 일해야만 한다. 이것을 '필요노동'이라고 부른다(앞서 소개한 '사회적 필요노동'의 개념과 혼동하지 않기 바란다). 사실 노동자가 바라는 것은 그/그녀의 임금 가치를 창출하는 것이다. 위의 예에서 보면, 그것은 4시간의 노동이다.

그러나 부자는 노동자들이 4시간의 일을 마친 뒤 집에 돌아가도록 놔두지 않는다. 그는 하루 종일의 노동에 대해 지불했기에 하루 종일 노동할 것을 기대하고 있다. 상대적으로 좋아진 요즘, '전일 노동이란 평균 8시간 일하는 것을 말한다'고 가정해보자(마르크스에게 더 익숙했던 것은, 평균적으로 일주일에 6일, 하루에 11시간을 일하는 노동자의 모습이었다). 우리는 임금을 지불할 가치를 창출하는 최초의 4시간이 필요노동이라는 것을 알고 있다. 나머지 4시간은 '잉여' 노동이다. 잉여노동은 잉여가치를 창출하며, 마르크스의 분석에 따르면 잉여가치는 모든 이익의 원천이다. 바로 이것이 선대 화폐와 나중에 지불받은 화폐와의 차이를 만들어낸다. 잉여가치를 '추출하는' 과정은 '착취'라고 불린다.

이리하여 우리는 마르크스가 이루어놓은 위대한 발견의 핵심에 도달했다. 자본주의 사회에서 궁극적으로 모든 이익은 노동자들을 착취한 결과이다. 이런 설명에 따르면, 단순히 이익이 생길 곳이 다른 곳에는 있지 않기 때문이다.

혹시 여러분은 이렇게 생각할 수도 있을 것이다. 그런 설명이 노동자들을 매우 우둔하게 묘사하고 있거나, 그렇지 않다면 마르크스의 분석에 오류가 있음이 틀림없다고 말이다. 그렇게 볼 수 있는 이유는, 만일 노동자들이 이런 엄청난 가치—노동력—를 소유하고 있는 것이 사실이라면 왜 그들은 이 노동력을 자신을 위해서 남겨두지 않는가? 그것도 아니라면 왜 그것을 괜찮은 가격으로 팔지 않는가?

마르크스에 따르면, 노동자들이 자신의 노동력을 스스로를 위해 사용하지 않음으로써 그 잠재적 이득을 활용하지 못하는 이유는 그들에게 그럴 만한 능력이 없기 때문이다.

마르크스에 의하면, 자본주의의 존재 조건 중의 하나는 반드시 역설적인 형태의 '이중 의미'를 지닌 노동자 계급이 존재해야 한다. 먼저 그들은 봉건적인 유대에 얽매이지 않아야 한다.

봉건적인 유대는 그들이 어떤 종류의 시장 거래를 체결하는 것을 가로막기 때문이다. 둘째로, 그들은 생산수단에 독립적으로 접근할 수 없어야 한다. 즉, 그들은 오로지 자본가들을 위해 일하거나 그럴 필요가 있어야 한다. 노동자들이 착취당하면서도 잠자코 따르는 이유는 오로지 아무런 대안이 없기 때문이다. 그들은 토지나 그 외 다른 자원 등의 노동 대상물을 가지고 있지 않기에 자신을 위해 일할 수 없다. 이리하여 그들은 결국 자신들의 노동력을 최고입찰자에게 임대하지 않을 수 없다.

마르크스는 이것을 〈불행한 필 씨*Unhappy Mr Peel*〉라는 글에서 훌륭하게 그리고 있다.

"필 씨는 잉글랜드에서 서부 오스트레일리아의 스완 강 지역으로 5만 파운드에 달하는 생활 필수품과 생산수단들을 가지고 건너갔다. 필 씨는 이외에도 남녀, 어린이들로 구성된 3천 명에 이르는 노동자들을 데려가는 선견지명까지 보여주었다. 목적지에 도착하자, 필 씨는 잠자리를 챙겨주고 강에서 물을 길어다주는 하인도 없이 홀로 남겨졌다. 불행한 필 씨는 모든 것을 마련했지만, 영국의 생산관계들을 스완 강으로 수출하는 것은 잊고 있었던 것이다(자본 933)."

다른 말로 하면, 당시 서부 오스트레일리아에서 흔히 그랬던 것처럼, 그들이 개인적 목적으로 토지를 획득할 수 있다면, 노동자들은 자본가들에게 노동력을 팔지 않고 십중팔구 토지를 소유하려 할 것이다. 그래서 마르크스는 일반적으로 노동자들이 자신의 노동력을 파는 것은 그저 다른 현실적인 대안이 없기 때문이라고 생각하고 있다.

그래도 여전히 의문점이 남는다. 그들이 비록 노동력을 팔아야만 하는 상황이라고 해도 왜 그렇게 싸게 파는가? 궁극적으로 보아, 노동자는 특별한 가치를 지닌 상품으로, 시장에서 이익을 창출할 수 있는 유일한 원천이다. 게다가 상당히 훌륭한 이익을 잠재하고 있는데 말이다. 그렇다면, 다른 사람들과 경쟁하고 있는 자본가들이 되도록 많이 얻으려 하지 않겠는가? 또 경쟁은 가격을 상승시켜, 그만큼 노동자들은 더 높은 임금을 받게 되지 않겠는가?

이런 논증은 수요-공급 법칙을 단순히 응용한 것에 지나지 않는다. 만일 노동자가 가치 있는 것으로 여겨진다면, 그 수요는 늘어날 것이며, 따라서 가격도 오를 것이다. '노동자 생산공장'은 결코 존재하지 않으므로 노동 공급이 고정된다면, 노동자는 매우 부족하게 될 것이고 순수이론에 의하면, 그 가격은 이익을 전혀 내지 않는 지점에 이르기까지 상승할 것이다. 그래서 어떤 이들은 마르크스의 오류라고 주장하기도 한다. 적절하게 작동하는 자유시장에서는 일반적인 자본주의에서보다도 착취가 덜하다고 주장한다.

초기 사회주의자들은 이러한 수요공급 이론을 알고 있음에도 착취는 존재할 수밖에 없다고 확신하고 있었다. 그들은 동일한 불편한 문제를 해결하려고 고심하였다. 만일 노동의 공급이 어쨌든 수요가 증가함에 따라 늘어난다면, 임금은 낮게 유지될 것이다. 따라서 자본주의가 노동자들을 착취한다는 논증이 구원된다. 이리하여 몇몇 사회주의자들은 임금이 오르면 생활수준도 높아질 것이라고 지적하고 있다. 이것은 노동자들이 아이를 더 낳도록 만들어 노동 공급이 늘어나게 될 것이며, 그러면 노동자들이 부족하지 않게 되어 임금은 다시 떨어지게 될 것이다.

하지만 그들의 말은 불행하게도 한 쌍의 결함을 지니고 있다. 먼저 생활수준이 높아져서 사람들이 아이를 더 많이 낳는다는 가정에는 단순히 아무런 증거가 없다. 그 반대의 경우가 어느 정도 참인 것으로 보인다. 둘째로, 그런 경향이 있다고 하더라도, 어린아이가 노동자로 등장하기까지는 너무 오랜 시간이 걸린다. 마르크스 당시에는 최소 6년이었다! 이것마저도 너무 느린 것이어서 임금을 낮추는 데 영향력을 행사할 수 없다.

마르크스가 내놓은 해법도 노동 공급에 집중되어 있기는 하지만, 이와는 사뭇 다른 방식이다. 임금이 상승하려고 할 때 개인 자본가들의 행동을 살피는 것이 그 출발이다. 임금의 상승은 이윤율에 영향을 주므로 자본가는 점차 어떤 수순이든 이윤을 회복하는 데 가장 적절한 것을 취하려고 필사적으로 매달리게 될 것이다. 그리고 될 수 있으면 경쟁자들에 대해 우위를 유지하려고 할 것이다.

임금이 낮을 때라면, 기계를 동일한 직무수행에 사용할 수 있더라도 사람을 고용하는 것이 합리적일 수 있다. 여러분 중에는 길 한편에 앉아 수작업으로 돌을 깨서 이를 건축용 자갈로 만들고 있는 인도 노동자들의 사진을 본 사람이 있을 것이다. 기계는 수백 명분의 노동을 수행할 수 있다. 그러나 임금이 매우 낮고 기계가 비싸다면, 무엇 때문에 기계를 쓰겠는가? 어쨌든 임금이 상승하면, 비경제적이었던 것도 경제적인 것이 되어서, 자본가는 노동을 절약해주는 기계를 찾기 시작할 것이다. 강력한 마르크스주의적 이미지는 자신의 최종 임무가 자신을 대체할 기계들을 만드는 노동자의 이미지다.

이제, 한 자본주의자에게 합리적인 것이 다른 이들에게도 합리적인 것으로 보일 것이다. 또 임금 상승에 맞서, 노동자를 절약해주는 기계를 구입하여 노동비용을 줄여보려는 움직임이 생길 것이다. 개별 자본가들은 자신의 개인적 이익을 목적으로 단독으로 행동한다. 그러나 각 자본가들은 의도하지는 않았지만 그들에게는 매우 만족스러운 결과를 무심코 창출해주는, 정확히 동일한 방식으로 행동한다. 노동자들이 기계로 대체될 때, 따라서 더 이상 필요하지 않아 해고될 때, 마르크스가 '실업자라는 산업예비군'이라고 부른 것을 새로이 공급한다. 노동자가 부족해서 임금이 상승했던 것을 상기해보기 바란다. 이제, 이에 발맞춰 자본가들은 특별조치를 통해 노동자들을 대량 해고하고, 노동자들은 더 이상 부족하지 않게 된다. 그 결과 노동자

부족 때문에 상승했던 임금은 다시 하락할 것이다. 자본가들은 두 번 승리했다. 이제 노동자가 덜 필요할 때에는 임금을 덜 지불할 수 있게 되었다. 마르크스는 임금이 다시 최저생활 임금으로 하락할 것이라고 주장한다.

'고용 주기'에 관한 설명은 생각해볼 만한 가치가 있다. 마르크스의 이론은 '실업자라는 산업예비군'이 자본주의가 기능하는 데 필수적이라는 것이다. 그것은 고용인의 기대에 반해 무거운 짐으로 작용한다. 그들의 임금은 다른 사람들이 그들의 자리를 원하고 있는 한 항상 낮게 유지될 것이다. '호경기' 때는 산업예비군이 고갈되며, 임금은 그들의 가치 이상으로 상승할 수 있을 것이다. 그러나 호시절은 오래 지속되지 않고, 우리가 살펴보았던 것과 같이 '구조'가 작동해서 임금을 다시 하향 조정해버린다.

이런 분석은 매우 중요하다. 우선 자본주의는 그것의 자연스러운 작동 기능의 한 부분으로서 고용 주기를 필요로 한다는 사실이다. 단기간이건 장기간이건 평형상태를 유지하는 경향은 없다. 이보다 경제는 규칙적인 주기를 밟아 진행된다는 식의 역동적인 관계로 이해하지 않으면 안 된다. 결과적으로 정치가들의 '최후의 성배'인 완전고용은 하나의 기적일 따름이다. 우리가 보았던 것처럼, 마르크스의 분석에서는 완전고용에 근접한 어떤 것도 단기적인 현상으로 취급된다. 임금 상승을 방어하려는 노력이 그렇게 만든다.

둘째로, 우리는 노동자들도 소비자라는 것에 주목해야 한다. 그들이 상대적으로 잘살 때에는 더 많이 구매하여, 호경기에 땔감을 제공하지만, 일자리를 잃게 되면 그들의 구매력은 사실상 사라진다. 그렇게 되면 자본가측에서는 판매활동이 부진하게 되어 재고가 쌓이게 되고, 어떤 경우에는 파산의 지경까지 내몰리게 된다. "이런 위기상황 한복판에서 전염병이 창궐한다. 즉, 이전의 어떤 시대에서도 어리석게만 여겨졌을 과잉생산이란 전염병 말이다(공산당 선언, M. 250)."

다른 말로 하면, 고용 주기를 따라 호황과 불황의 경기순환이 이루어진다. 이런 순환은—마르크스는 1843년, 엥겔스를 통해 여기에 관심을 갖게 되었는데—지금까지 경제학을 괴롭혀왔던 난제였다. 어떤 경제학자도 지금까지 호황과 불황의 파괴적인 순환을 제거할 방도를 찾아내지 못했다. 물론 그들은 그 여파를 완화시킬 수 있는 길을 찾아내기는 했지만, 전적으로 없애기 위해서는 아무것도 할 수 없었다. 마르크스가 옳다면, 이것은 다만 희망사항일 따름이다.

결국 사람들이 신문의 독자투고란에 쓰듯이 나 역시 인도주의적 탄원으로 의견을 다는 것이 가치가 있을 듯하다. 실업률이 높은 시기에는 대개 장시간 노동을, 혹은 최소한 그들이 선호하는 것보다 더 장시간 노동을 할 사람을 찾는다. 우리 모두 10퍼센트 실업률에 주당 40시간을 노동한다고 가정해보자. 그런데 우리가 적절한 비율에 따라 주당 작업 시간을 단축하면 실업을 해소할 수 있다는 사실이 잇달아 밝혀지고 있다. 그렇다면 우리는 왜 그렇게 하지 않는가?

그 답 중의 하나는, 자본주의 경제 내부에서는 이것을 감당할 사람들이 어디에도 없다는 것이다. 그러나 마르크스의 더욱 이론적인 대답에 따르면, 그런 제안은 어떤 경우에도 불가능하다. 실업의 해소가 뜻하는 바는, 자본가들이 노동자들을 '잘라' 노동자들을 위협할 수 없게 된다는 것이다.

따라서 자본가들이 지닌 매매상의 이점을 제거한다면, 임금이 상승하고 노동조건이 개선되는 것을 피할 수 없다. 노동자들에게는 현저한 개선이 자본가들에게는 재앙일 수 있다. 그리하여 자본가들은 기계 가동을 절약해주는 노동자들을 다시 찾기 시작할 것이다. 이리하여 추잡한 전체 거래과정이 다시 작동하기 시작한다.

이런 이야기에서 얻을 수 있는 교훈은, 자본주의는 이윤을 남기기 위해서는 실업을 필요로 한다는 것이다. 또한 자본주의는 그러한 것을 이루어낼 수 있는 특정 '구조'를 지니고 있다는 것이다. 신문 독자란의 편지들은 천편일률적이다. 또 편지들에서는 가르침을 따르지도 않는다. 만일 영구적인 완전고용의 경제가 있다고 가정한다면, 그것은 자본주의가 아닐 것이다.

이제, 이 모든 것들과 관련해 골머리를 앓게 하는 어떤 것들이 존재한다는 것은 거부되었다고 할 수 있다. 만일 이윤이 모두 노동자에게서 유래한다고 말한다면, 노동자들을 자르고 이들을 기계로 대체한 자본가들에게는 상당히 비합리적인 말이 아닐까? 그렇게 하는 것은 이윤을 증가시키기보다 감소시키는 길이 아닐까?

이에 대한 마르크스의 답은 양자택일의 구조를 가진다. 개인 자본가들의 행동을 살펴보자. 그들은 생산을 가능하게 해주는 상품들을 구매한다. 이것은 생산비용을 구성하며, 자본가들은 돈이 임금에 지불되었건 원자재·전력 등에 지불되었건 간에, 모든 투입 비용들을 감안하고도 남은 이익으로 이윤을 계산한다. 어떤 자본가도 이윤이 오로지 노동에서 발생한다고 생각하는 노동가치론을 기준으로 계산하지 않는다. 결과적으로 절약은 절약으로, 그것의 원천과는 관계없이 잠재적으로 이윤에 보탬이 되면 그만이다. 총소득이 불변인 가운데 어디에서건 비용이 감소한다면, 그것은 이윤의 상승을 의미한다.

그래서 자본가들은 노동력을 절약해주는 기계를 구입할 경우, 노동자를 해고해서 이윤을 높일 수 있다. 그렇다면 노동이 모든 이윤의 원천이라는 마르크스의 주장이 잘못임을 시인하는 것은 아닌가? 그렇게 빨리 결론내리지 마시기를! 마르크스의 논증은 노동이 경제 전체에서 모든 이윤들의 원천인 한편, 이윤이 창출된 지점과 이윤을 거둬들인 지점이 일치하지는 않을 수 있다는 것이다. 우리는 그 의미를 잘 살펴야 한다. 즉 만일 그렇지 않다면, 수제 레이스 산업 같은 노동집약적인 산업에서는 엄청난 이윤이 날 것이고, 석유정제업 같은 고도로 기계화된 산업들에서는 거의 이윤을 남길 수 없게 될 것이다. 결과적으로 우리는 폭넓은 시각에서 경제를 살펴볼 필요가 있다. 한 명의 자본가는 노동을 절감해서 자신의 이익을 증가시킬 수는 있겠지만, 궁극적으로 다른 자본가들은 고통을 받게 될 것이다. 전체 경제에서 총이윤은 줄어들 것이다. 몇몇 노동자들을 당장 해고해서 노동력을 홀쭉하게 만든 우리의 영웅들은, 최소한 경쟁자들이 이를 따라잡을 때까지는 총이윤에서 더 많은 몫을 차지할 수 있겠지만 말이다.

이것이 죄수들의 딜레마로 잘 알려진 게임 이론의 고전적인 구조를 나타내주는 예이다. 개인적으로 볼 때 어떤 특정의 사람에게는 완전히 합리적인 것이 집단 전체로 볼 때에는 재앙일 수 있다. 그것이 사람들의 일반적인 행동 유형을 대표한다면 말이다. 예를 들어, 어부들이 원하는 대로 그대로 놔둘 경우 그들은 어족의 씨가 마르도록 물고기를 남획할 수 있다. 어획량이 감소되고 있을 때조차도 가능한 한 수확물을 증가시키려고 노력하는 것은 개인에게는 합리적인 일이다. 그러나 모든 어부들이 이렇게 행동한다면, 몰락의 나선형에 빠지고 말 것이다. 될 수 있는 한 많은 물고기를 잡는 것이 한 개인에게는 합리적이겠지만, 집단적으로는 끔찍한 일이 아닐 수 없다.

이렇게 분석해보면 자본가들도 이와 같은 딜레마에 빠져 있음을 알 수 있다. 자본가들은 각각 이윤을 증대시키려 한다. 임금이 오르면 노동비용을 절감해야 한다. 그러나 모두가 그렇게 한다면, 노동비용에 투하된 화폐의 비율은 줄어든다. 이는 곧 이윤율이 떨어지게 된다는 것을 의미하는 것으로, 실로 마르크스가 예언한 것과 같다. 발전된 기계류에 더욱더 투자하고, 노동에는 적게 투자할 때, 일반적으로 이윤율은 하락할 것이다. 이것이 마르크스가 제시한 '이윤율 하락의 법칙'의 핵심이다.

마르크스는 다음과 같이 주장하는 것처럼 보인다. 즉, 시간을 두고 보면, 자본제하에서의 이윤율은 하락하고, 하락하고, 또 하락하리라는 것이다(그의 예언은 옳은가? 실제로 이윤율은 측정하기가 대단히 어려운 것으로 판명되었으며, 어떤 것이든 논박되지 않은 증거들은 거의 없는 것 같다).

우리는 자본주의에 대한 두 가지 상보적인 위협을 보았다. 이윤율 저하에 덧붙여 우리는 마르크스의 호황 – 불황의 경기 순환 분석을 살펴보았다. 자본주의의 위기는 꼬리를 물 것이며, 교역의 전 지구화가 확대되고 모든 활동들마다 상업화가 심화됨에 따라 사람들은 각기 그들의 선조보다 더 큰 손해를 입게 될 것이다. 요약하면, 자본주의의 자연적인 작동기능이 의미하는바, 그것은 정기적인 몰락의 시스템이라는 것이다. 말하자면 자본주의에는 많은 생산물들과 마찬가지로 퇴화가 내장되어 있다. 결국 자본주의는 쇠약해져서 쉽게 혁명적으로 전복될 것이다.

앞에서 마르크스의 경제이론을 그의 역사이론의 부속물로서 검증하기 시작했던 것을 상기하기 바란다. 봉건주의가 자본주의에 의해 극복되었던 것처럼, 자본주의는 코뮤니즘에 의해 극복될 것이다.

우리는 마르크스가 왜 자본주의는 끝장이 날 것이라고 예측했는지를 살펴보았다. 최상의 추상 수준에서 보건대 자본주의는 파산한다. 결국 자본주의가 생산력의 발전을 구속할 것이기 때문이다. 더 자세하게 보면, 이윤율 저하와 점점 늘어나는, 공황으로 치닫는 경향이 해가 된다. 그러나 왜 이중에 어떤 것도 다 코뮤니즘이 무대에 등장할 것이라고 생각할 수 있는 이유가 되는가? 그것은 우리의 다음 주제이다.

코뮤니즘으로의 이행

20세기에는 '마르크스주의적 혁명'이 여러 차례 목격되었다. 가장 중요한 러시아와 중국의 혁명 외에도 많은 혁명이 있었다. 잠시, 러시아 혁명을 살펴보기로 하자.

19세기를 벗어나면서 세계가 제1차 세계대전의 소용돌이에 휘말렸을 때 러시아는 참으로 비참한 상황에 놓여 있었다. '빵, 토지, 그리고 평화(확실히 이유 있는 요구이다)'를 요구하는, 농민 혁명의 구호가 그들의 곤경을 완벽하게 대변해준다. 경제적으로 러시아는 유럽의 주요 강대국들에 비해 매우 후진적이었다. 일반적인 평가에 따르면 러시아는 약 50년 정도 뒤떨어져 있었다. 특히 전쟁기간 동안에는 국민들을 먹여살릴 가망조차 없었던 러시아는 지는 싸움을 하고 있었다.

토지에 대한 요구는 러시아가 아직 지방 귀족이 토지를 통제하는 봉건경제 단계에 머물러 있다는 사실을 반영한다. 농민들은 참정권이나 일반 정치에서의 발언권 같은 것을 요구했던 것이 아니라, 자신들이 먹고살 만한 땅을 요구했다. 실제로 그들은 귀족 지주들의 족쇄를 타파하기를 원했다.

평화에 대한 탄원에는 더 설명할 필요가 없을 것이다. 러시아 청년들은 잘 이해할 수도 없는 세계대전에 참전했다가 독일군이 진격해 들어왔을 때, 대량학살당했다. 그러니 누군들 평화를 요구하지 않겠는가?

이런 극단적인 불만족이 강력하게 뒤섞여, 규모는 작지만 대단히 활성화된 마르크스주의 운동에 호기를 마련해주었다. 1917년 2월에 혁명이 일어나서 임시 사회민주주의 정부가 세워졌다. 어쨌든 혁명가들이 전쟁으로부터 러시아를 구출해주기를 기대하면서 독일인들은 그들에게 용기를 북돋아주는 데 열심이었다.

레닌은 취리히 망명 생활을 청산하고 유명한 '봉인 열차'를 타고 독일을 거쳐 페트로그라드(후에 레닌그라드로 이름이 바뀐다)로 갔다. '봉인 열차'는 열차의 한 칸을 완전히 봉쇄해 레닌이 독일 땅에 내려 그곳의 노동자들을 선동하는 것을 막기 위한 조치였다. 레닌은 러시아에 도착한 지 몇 달 내에 트로츠키

및 다른 이들과 연합하여 임시정부의 전복활동을 조직하고 10월의 볼셰비키 세력(우리는 이 가운데 중요한 것만을 간략하게 다룰 것이다)을 얻는 데 성공한다. 토지, 빵, 평화에 대한 농민들의 요구는 먼저 커다란 양보를 의미했던 독일과의 평화조약(브레스트-리초브스크 조약)과, 지주 토지의 재분배란 방식으로 응답되었다. 내전, 그것도 이례적으로 야만적인 성격의 내전이 일어나는 것은 피할 수 없었을 것이다. 이 전쟁에서 볼셰비키는 결국에 가서는 엄청난 대가를 치르기는 했지만, 자신들의 지배를 공고히 했다. 이때 농민들은 자신이 원했던 바를 실제로 얻었는가?

이 물음에 대답하기 전에 이 혁명의 몇 가지 일반적인 특징들을 살펴보고자 한다. 먼저, 혁명 이전의 러시아는 본질적으로 봉건제 경제였으며, 뒤늦게 자본주의 경제로 막 이행하기 시작한 참이었다. 이 때문에 러시아 민중은 봉건적인 토지제도와 태동기의 자본주의적인 노동조건의 '이중적인 억압'에 고통을 받고 있었다. 혁명가들은 기회가 오자 정치권력을 장악한 후 코뮤니즘 경제를 강제했다. 그래서 우리는 이런 질문을 던질 수 있을 것이다. 과연 이 모든 것이 역사 유물론의 이론과 잘 부합하는가?

순수한 마르크스주의 이론의 관점에서 보면(후일의 '마르크스주의/레닌주의'와는 구별할 때) 전혀 들어맞지 않는 것으로 보인다. 마르크스는 코뮤니즘 혁명은 가장 진보한 자본주의 체제에서 일어날 것이라고 예측했다. 이 체제는 자본주의가 담보할 수 있는 최고도의 생산력을 발전시킨 다음, 그 자신에 내재되어 있는 공황을 통해서 몰락한다는 것이다. 러시아는 자본주의 단계에 거의 들어서지도 못했기에, 누구도 러시아가 고도의 생산능력을 발전시켰다고 주장할 수는 없었다.

이것이 러시아 혁명운동 내부에서 첨예한 논쟁을 불러일으켰다. 그중 한 분파인 멘셰비키는 러시아의 조건들이 마르크스주의 혁명을 하기에는 충분히 성숙하지 못했다고 주장한다. 그들이 신뢰하는 어떤 시도도 재앙으로 이끌 것이라고 보았다. 볼셰비키들은 멘셰비키의 '교조적인 주장'을 조소하면서, 혁명가들은 무릇 다시 오지 않을 눈앞의 기회를 포착해야 한다고 주장한다. 결국 멘셰비키들은 볼셰비키 트로츠키(이전에는 멘셰비키)에 의해 퇴출당했다. 《러시아 혁명사》 3권에서 그가 쓴 보고를 살펴보자.

"너희들은 가련한 고립된 개인들일 뿐이다. 너희들의 역할은 끝났다. 이제 너희들이 속해 있는 곳, 역사의 쓰레기통으로 가라." 그럼에도 멘셰비키들은 좀 더 충실하게 마르크스를 추종했던 것 같다. 확실히 이것이 영국 사회당의 관점이었다. 그들은 러시아 혁명이 터지자마자 24시간 안에 그 혁명을 '비마르크스주의적'이라고 비난했던 것을 자랑하고 있다.

그래서 러시아 혁명은 '마르크스주의 혁명이 해서는 안 될 것에 대한' 실제 사례이다. 그런데 그것을 한다는 것은 무엇을 뜻하는가? 먼저 마르크스주의 이론에 따르면, 코뮤니즘 혁명을 이룰 수 있는 나라는 영국이나 고도로 발전된 산업 경제국이었다(비록 마르크스는 낮은 발전 단계의 독일에서 먼저 혁명이 일어날 수도 있다고 암시하고는 있지만 말이다). 코뮤니즘이 어느 나라에서든지 먼저 뿌리를 내렸다면, 러시아 코뮤니즘은 그 한쪽 구석에 발판을 마련할 수 있었겠지만, 너무 후진적이었던 러시아는 선두주자가 될 수 없었다.

고전적 마르크스주의 이론이 시사하는 바에 따르면, 혁명이 성공하려면 자본주의 경제가 일정 수준까지 발전하지 않으면 안 된다. 마르크스는 "옛 사회의 태내에서 발전하는(1859 서문, M. 426)" 코뮤니즘의 물질적 조건들에 관해 공개적으로 말하고 있다. 그리고 어느 정도는 부조리해 보이는 이미지로, "자신의 무덤을 파는 사람(공산당 선언, M. 255)"들을 양육하고 있는 자본주의에 대해서도 이야기하고 있다. 이 두 가지는 함께 찾아온다. 자본주의가 아이를 낳으면서 죽는다는 것을 알아차린다면, 이 양자는 동시에 발생한다는 것을 알 수 있을 것이다.

우리는 이미 절대적으로 중요한 특징을 살펴보았다. 생산력—기술—은 최고도까지 발전되어 있지 않으면 안 된다. 코뮤니즘 사회가 '풍요'를 필요로 하기 때문이다. 이것이 의미하는 바가 전적으로 분명한 것은 아니다. 가장 유토피아적인 해석에 따르면, 코뮨제 아래에서는, 그것이 아무리 하찮을지라도, 다른 이들의 소유에 대해서는 아무런 영향을 미치지 않으면서,

누구든 욕망하는 바를 모두 소유할 수 있다는 것이다. 좀 더 온건한 해석에 따르면, 코뮌제에서는 가용 재화가 충분히 있어서 모두가 '멋진' 생활을 누릴 수 있고 또 그들의 온당한 필요를 만족시킬 수 있다는 것이다.

이런 요구를 내거는 이유는 마르크스의 계급에 대한 이해, 그리고 특히 계급이 존재하는 이유와 관련이 있다. 마르크스는 사회계급이란 잉여생산의 가능성이 있기 전까지는 발생하지 않는다고 주장하고 있다. 말하자면, 한 개인에게 생존에 필요한 양보다 더 생산할 수 있기 전까지는 사회계급이 발달하지 않는다는 것이다.

한 번 잉여생산이 가능해지면, 이것은 다른 계급의 노동에 기생하는 계급의 존재 가능성을 열어놓는다. 그리고 더 생산적인 사회가 오면, 잠재적인 잉여생산물은 더욱 많아지고, 착취 계급은 더욱 비대해지며 풍요로워진다. 자본제 아래에서 어떤 계급은 상대적으로 더 많은 여가를 가지면서 교육, 예술, 문학, 그리고 문화를 누릴 기회를 가진, 잠재적인 기대를 충족시킬 수 있는 삶을 살게 된다(이 기회를 이용할지, 안 할지는 그들이 결정할 수 있다). 한편, 다른 계급은 먹고살기 위해 안간힘을 쓴다. 어쨌든 사회가 충분히 생산적이 될 경우, 이론상으로는 사회의 모든 사람들이 인간 존재에 어울리는 생활을 영위할 수 있게 된다. 절대 빈곤에서 해방된 사람들은 자신의 개인적인 잠재력을 발전시킬 수 있다.

이제, 그런 단계의 생산성에 도달하면 계급들이 사라지고 착취에 종말이 온다고 마르크스가 말하고 있지 않다는 것은 분명하다. 거대부자는 잉여의 가장 좋은 부분을 소유하고 특권을 유지하기 위해 무슨 일이든지 다 할 것이기 때문이다. 따라서 마르크스의 논점은 풍요야말로 계급 분화 사회에 종말을 가져다줄 가능성을 보여준다는 것으로 이해해야 할 것이다. 풍요가 없다면 서로 다른 분파들이 잉여를 차지하려고 싸움을 벌일 때, 계급 분화가 다시 등장하지 않을 수 없다. 이것이 소비에트 마르크스주의의 특히 매력 없는 모습 중의 하나로, 당 관료들은 일반 시민들이 손에 넣을 수 없는 특권을 장악하고 있었다.

그래서 그는 고도의 생산력이 풍요를 창출하는 데에 꼭 필요하며, 그것이 없다면 우리는 사회가 계급으로 분화되는 것을 결코 막을 수 없다고 주장하는 것 같다. 자본주의가 생산력을 발전시킬 때 그것은 동시에 자본주의의 실질적 대체를 허용해주는 필요조건들 중의 하나를 발전시킨다. 우리가 살펴보았던 것은, 이런 성장이 경제구조에 의해 족쇄 채워지지 않는 한, 혁명은 일어나지 않을 것이라는 사실이다. 노동 분업을 도입할만한 동기를 전혀 가지지 못했던 봉건주의가 생산력의 발전을 속박한 결과 붕괴되었던 것처럼, 자본주의도 혁명의 시기에 들어서기 위해서는 이런 발전의 구속 상태에 놓여 있지 않으면 안 된다.

자본주의의 경우 생산력에 대한 구속은 다른 형태로 나타난다. 즉, 호황-불황의 자본주의적인 경기순환과 지속적인 이윤율 하락의 형태로 일어나는 것이다. 주기적인 공황의 악화와 심화는 이윤의 감소와 더불어 결국은 경제 침체를 야기하고 "그들의 사슬을 제외하고는 잃을 것이라고는 아무것도 없는(공산당 선언, M. 271)" 혁명적인 프롤레타리아트를 생산할 것이다.

그러나 이것이 전부도 아니다. 왜냐하면 코뮤니즘의 요소들은 자본제 내에서, 우리의 등 뒤에서 발전하고 있기 때문이다. 엥겔스는 특히 발전된 자본주의의 몇몇 요소들은 이미 코뮤니즘의 모델이 되거나, 그 관리권을 획득하기에 충분할 만큼 성숙했다고 지적하고 있다.

예를 들어 주식회사를 살펴보자. 이것은 주주들이 소유하고 있는 잘 알려진 커다란 조직으로, 오늘날에 와서는—특히 연·기금들이 얼마나 많이 소유하고 있는지!—수백만 명의 사람들이 그들의 이익을 위해서 소유하고 있다. 이제 코뮤니즘에 반대하는 오래된 논증 중의 하나는 다음과 같다. 사람들이 만일 자기 이익만을 추구한다면, 효율적이고 생산적인 방식으로만 행동한다는 것이다. 사람들이 열심히 일하거나, 시장에서 기회를 찾아다니거나, 이윤을 내지 못하는 거래선을 끊으려면 동기유발 요인이 필요한데, 제대로 작동하는 유일한 동기는 개인적인 이익이라고 이야기한다. 따라서 자본주의만이 효율적이라는 것이다. 왜냐하면 자본주의만이 개인들에게 제대로 된 동기유발 요인을 제공하기 때문이다. 어쨌든 주식회사의 존재와 성공은, 마르크스와 엥겔스에 따르면, 이 논증이 잘못되었음을 보여준다. 1860년대에서조차 개인적 영웅처럼 행동하는 고독한 기업가나 자본가의 이미지는 이미 희귀한 것이 되어버렸다. 기업은 수많은 주주들이 소유하고 있지만, 경영은 월급 받는 고용인이 매우 효율적으로 하고 있다. 이것이 바로 핵심이다. 자본제에서는 어떤 개인들이 다수의 제3자들의 이익을 위해 한 조직을 관리하는 것이 아주 흔한 일임을 주식회사가 보여주고 있다. 요컨대 이것이야말로 코뮤니즘이라면 모두 사람들에게 요청하고 있는 것인데, 그것은 이미 자본제하에서 일어나고 있었다.

물론 자본주의 사회의 경영인은 재정과 인사 전체 측면에서 보상을 받는다. 그들은 월급이 오르기를 바라고 승진, 보너스, 스톡옵션 따위를 바란다. 그러나 그들의 운명은 궁극적으로는 주주들에 의해 결정된다. 그들은 자신들의 노력의 결실이 주주들의 배당이지 개인적 이익이 아니라는 것을 알고 있다. 자본주의 기업과 코뮤니즘 경제의 핵심적인 차이는, 코뮤니즘 아래에서는 사실상 모든 사람들이 다 동등한 주주라는 것이다. 그러나 여기서 우리는 자본주의가 이미 코뮤니즘과 유사한 구조를 점진적으로 발전시키고 있음을 보고 있다.

자본제하에서 존재하는 코뮤니즘 요소들의 또 다른 예는 대단위의 산업 생산이다. 여기서 우리는 수천 명의 사람들이 협동하여 함께 생산하는 것을 볼 수 있다. 마르크스는 실제로 자본제 아래에서 생산은 이미 '사회화'되었다고 말한다. 그렇다면 이는 인간은 매우 정교하게 조정, 통합되어 있는 행위를 실제로 해낼 수 있다는 사실을 알려주는 것이다. 이것은 코뮤니즘의 선행조건 중의 하나이다.

더군다나 자본주의는, 국가가 나중에 이를 접수하기 쉬운 방식으로 존재하는, 이미 국가가 소유하거나 조직한 많은 활동들을 내포하고 있다. 전자의 예들로는, 커뮤니케이션—특히 우체국—설비회사와 다른 국유화된 산업들을 위해 설립된 회사들을 들 수 있다.

마르크스와 엥겔스는 다음과 같이 예측했다. 자본주의 기업이 경쟁에서 이기거나 합병으로 인해 비대해져서, 그 산업 부문에서 독점적인 지위를 확보하게 되면, 국가는 공기업화를 통해 그들의 시장 지배력을 남용하지 못하도록 하리라는 것이다 (사실 이런 골칫거리는 거대 재벌들을 해체하거나, 산업 구조조정을 행하는 등의 방식으로 다루어져왔다). 독점 기업은 아니지만, 국가가 접수하기에 충분할 만큼 성숙한 기업들로는 은행과 그 외 여러 금융기관들을 들 수 있다. 여기에도 자본제 내부에서 성장하면서 코뮤니즘의 이익을 위하여 사용될 수 있는 그 어떤 것이 존재한다.

그런데 이 모든 논점들—풍요의 가능성, 생산력 발전의 구속, 코뮤니즘에 우호적인 구조의 발전—은 매우 시사적이기는 하겠지만, 그렇다면 도대체 혁명은 어떻게 일어날 수 있다는 말인가?

불행하게도 마르크스는 사람들이 기대하는 것처럼 명백하게 이것을 서술하지는 않았다. 그러나 우리는 두 가지 모델을 간략히 탐구해보고자 한다. 이 모델들은 모두 그의 저작에서 쓰여진 논점에 근거하고 있다. 첫 번째 것을 나는 '경제우선' 모델이라고 부르고, 두 번째 것은 '정치우선' 모델이라고 부르겠다.

경제우선 모델은 봉건정치가 전복되기 훨씬 전에 봉건 경제체제가 자본주의 경제체제에 의해 무너진 것과 같이, 자본주의 경제체제도 코뮤니즘 혁명 이전에 코뮤니즘 경제체제에 의해 무너진다는 것이다. 여기에 이런 생각을 발전시키는 길이 있다. 자본주의 공황 때 해고된 노동자들은 빈약한 재원을 자신들의 협동기업을 설립하는 데 공동출자할 수 있었다. 이 경우, 노동조건들은 상당히 훌륭할 것이다. 왜냐하면 노동자들이 스스로 혹독한 상황을 만들지는 않을 것이기 때문이다. 또 거기에는 그들에게 조그마한 행위라도 요구하는 피를 빨아 먹는 기생적인 자본가들이 없기 때문에 임금도 다른 곳보다 높을 것이다. 노동자들 사이에서 판매가 이루어질 것이니 재화의 가격도 적절하거나 최소한 사람들의 마음에 들 것이다. 협동기업들은 다른 기업들을 경쟁자로 볼 필요가 없으므로, 공동의 이익을 위하여 지식을 다른 기업들과 공유할 것이다.

이런 환상에서 협동 기업운동은 언제나 자본주의가 가장 취약할 때에 그 세력이 성장한다. 혹자는 노동자들이 경제의 협동기업적 영역에 참여하기 위해, 결국 자본주의가 경제의 부차적인 부분이 되기 시작하는 지점에 이르기까지 자본주의 기업들을 포기하는 것을 상상해볼 수 있을 것이다. 협동기업들은 합병되거나 연합하여, 경제 전체를 주도하게 될 것이다. 이렇게 볼 때 경제혁명은 이미 일어난 것이며, 정치혁명이 일어나 정치 영역에서 자본주의 계급의 마지막 자취를 추방하는 것은 오로지 시간문제일 뿐이다. 그러면 혁명은 완성된 것이다.

이제 나는 이 경제우선 모델이 마르크스와 엥겔스가 생각했던 코뮤니즘 혁명의 과정이라고 주장할 아무런 근거가 없음을 시인해야 하겠다. 그보다 자본주의에서 코뮤니즘으로의 이행은 마르크스와 엥겔스가 봉건주의에서 자본주의로의 이행이 일어난다고 말한 바로 그 방식으로 일어날 때 기대할 수 있는 것들이다. 말하자면, 동일한 모델이 모든 혁명적인 사회형태 변화에 적용된다고 할 때 예견되는 사항들이다. 이런 이유에서 코뮤니즘은 자연적인 진화과정의 한 부분으로서 존재하지, 누군가의 의식적인 목표로서 존재하는 것이 아니다. 혹은 최소한 이런 과정 가운데 아주 나중에 가서야 이루어지는 것이다.

그 대안이 '정치우선' 모델이다. 이것은 아주 익숙한 것으로 단순히 다음과 같은 생각이다. 즉, 자본주의가 이윤율 저하의 경향, 공황의 심화 등에 의해 치명적으로 약화되었을 때, 자라나던 혁명운동이 이 기회를 포착하여 정치권력을 장악한다는 것이다. 권력을 잡자마자 프롤레타리아는 경제를 탈바꿈시키는데, 이것은 자본주의가 '코뮤니즘에 우호적인' 구조들을 발전시켜온 것에 비해 상대적으로 간단한 과업이다.

'정치우선 모델'은 말할 것도 없이 코뮤니즘 혁명에 대한 '공식적인' 마르크스주의적 설명이다. 그것은 《공산당 선언》에도 분명하게 명시되어 있다. 그럴 수 있었던 것은, 마르크스는 혁명이란 실제로 자신이 서술한 바와 같이 진행된다고 생각했기 때문일 것이다.

양자의 경우에서 본질적인 것은 혁명의 시기에는 생산력이 고도로 발전했으면서도 구속 상태에 있다는 것이다. 마찬가지로 엄연한 사실은 자본주의가 이미 내부에 코뮤니즘의 요소들을 잉태하여 발전시키고 있다는 것이다. 정치우선 모델 또한 잘 형성된 대규모의 활동적이고 혁명적인 대중운동을 요구한다. 어쨌든 우리는 (아직?) 세계가 마르크스주의 혁명을 만나지 못했다고 결론지어도 무방할 것이다.

코뮤니즘의 본질

코뮤니즘은 어떻게 조직되어야 하는가? 이것은 후일 '제1인터내셔널'이라고 알려진 분파를 사로잡았던 문제 중 하나였다. 이 분파는 '국제노동자 연맹(The International Working Men's Association)'으로, 1864년에 설립된 주목할 만한 단체였다. 제1인터내셔널은 마르크스와 엥겔스를 포함한 급진적이면서도 혁명적인 지도적 인사들로 구성되었는데, 그들의 목표는 기존 사회의 혁명적인 전복이었다. 이것은 뒤이어 생겨난 동일한 성질을 지닌 분파들의 모델이 되었지만, 극심한 내적 분열의 결과 종국에는 해체되었다.

마르크스와 지도적인 아나키스트 바쿠닌 사이에 한 중요한 사안을 놓고 논쟁이 불붙었던 적이 있다. 마르크스는 혁명 후에는 반드시 '프롤레타리아 계급의 독재' 시기가 존재해야 한다고 주장했다. 그것의 존재 목적은 여전히 사회에 존재하고 있는 자본주의 경제의 요소들을 제거하기 위한 것으로, 이윽고 이런 혁명적 상황은 '소멸'될 것으로 보았다. 이에 대해 바쿠닌은 한 번 독재권력을 확보한 프롤레타리아 계급은 결코 물러서지 않을 것이라고 맞섰다. 이때 프롤레타리아 계급의 독재는 부르주아의 독재보다 더 진보한 것일 수 없다는 것이다.

바쿠닌은 마르크스에게 전적으로 무시당했다. 1871년, 마르크스는 한 대의원에게 보내는 편지에서 바쿠닌을 "사회혁명과 관련된 일들을 이해하지 못하는(바쿠닌의 《국가주의와 무정부주의 Statism and Anarchy》에 대한 마르크스의 노트에서, M. 607)" "이론적 지식이 완벽히 결핍되어 있는 사람(M. 636)"이라고 비난하고 있다.

돌아보면, 어쨌든 바쿠닌은 통찰력이 있는 사람으로 보인다. 그의 논증은 조지 오웰이 구소련 코뮤니즘을 풍자하고 있는 소설 《동물농장》의 주제와 정확히 일치한다. 물론 바쿠닌의 아나키스트 사회를 위한 제안은 고맙게도 실험되지 않은 채 그대로 살아 있으며, 우리가 보았던 것처럼 구소련의 코뮤니즘은 마르크스가 실현되기를 바랐던 모델이 아니었다.

그럼에도 우리에게는 아직 질문이 하나 남아 있다. 마르크스는 프롤레타리아 계급의 독재 시기가 있어야 한다는 것 이외에 코뮤니즘 제도에 관해서 어떻게 말했는가?

마르크스 저작들의 그 방대한 규모에 반해서 정작 코뮤니즘의 본질에 관해서 언급하고 있는 부분들은 극히 적다. 이런 과묵의 부분적 원인은 마르크스의 주장, 즉 '미래의 식당을 위한 조리법'을 그려보는 것은 그의 소임이 아니라는 것에 있다(자본 99). 말하자면 코뮤니즘 운동은 그 나름의 발전 과정을 따라야 하며, 그것은 현실적인 역사적 운동이지 어떤 이념이나 원칙의 실현은 아니라는 것이다(M. 256). 마르크스는 이런 생각을 《독일 이데올로기》에서 다음과 같이 표명하고 있다.

"우리에게 코뮤니즘은 구축되어야 할 어떤 상태가 아니며, 또한 현실이 그것에 맞춰 조정되어야 할 어떤 이상도 아니다. 우리는 코뮤니즘을 사물들의 현 상태를 철폐하는 실제적 운동이라고 부른다(M. 187)."

따라서 우리는 역사가 우리를 어디로 인도하는지를 보지 않으면 안 된다. 마르크스가 코뮤니즘의 청사진을 그린다는 것은

15세기의 학자가 자본주의 체제를 세부적으로 기술하려는 경우와 마찬가지일 것이다. 분별 없는 소리처럼 들리겠지만 그것은 그렇게 강력하게 동기를 유발하지 않는다. '역사가 우리를 어디로 데리고 가는지를 보자'는 말은 강력한 정치적 구호가 아니다. 어떤 잘 규정된 목표도 없이 혁명의 위험을 무릅쓴다는 것이 과연 합리적인가를 이해하기는 어렵다. 그러나 물론, 마르크스는 코뮤니즘에 대한 그의 기대를 살펴볼 수 있는 많은 단서를 남겨놓았다. 그 대부분은 자본주의에 대한 그의 비판에서 나타난다.

우리는 자본주의의 가장 큰 결함 중의 하나가 소외라는 것을 그의 초기 저작에서 보아 알고 있다. 따라서 우리는 코뮤니즘 사회에서는 누구도 소외되지 않는다고 기대할 수 있을 것이다. 그것은 사람들이 파편화되지 않은 사회요, 소외된 권력들에 지배되지 않고, 종속되지 않는 사회다. 역사이론을 통해 우리는 코뮤니즘이 어떤 풍요의 토대 위에서 기대되는 것이며, 오로지 높은 수준의 생산력에 도달할 때에만 가능하다는 것을 알고 있다.

그 밖의 것은 어떤가? 우리는 또한 마르크스에 따르면, 자본주의의 대다수 문제가 자본주의의 '무정부적'인 성격에서 나오며, 그리고 그 해결책이 어떤 종류의 합리적이고 계획된 조직에 있음을 강력하게 암시하고 있다는 것도 알고 있다. 그러나 그 외에는 준거할 수 있는 것들이 많지 않다. 마르크스가 출판하지 않고 방치해두었던 또 다른 저작인 《독일 이데올로기》에서 그는 다음과 같이 언급하고 있다.

"코뮤니즘 사회에서는 누구도 배타적인 활동 영역을 가지지 않으며, 사람들마다 자신이 원하는 분야라면 어디에서도 학문과 기예를 배울 수 있고, 또 사회는 생산 일반을 조절한다. 이를 통해 나는 오늘 이 일을 하고 내일에는 다른 일을 하며, 또한 내가 사냥꾼이나 어부 혹은 목동이나 비평가가 따로 될 필요 없이 마음 내키는 대로 아침에는 사냥을 하고, 오후에는 낚시질을 하며, 밤에는 가축을 돌보고, 저녁식사 뒤에는 비평을 하는 것이 가능해진다(M. 185)."

마지막으로, 마르크스가 크게 분노를 표출하고 있는 후기의 《고타강령 비판Critique of the Gotha Programme》을 살펴보자. 이 저작은 1875년에 독일 노동자 운동의 두 조류를 통합해야 한다는 의제에 분노하면서 쓰인 것이다.

마르크스가 느끼기로는, 프로그램들 중 너무 많은 것이 다른 당의 견해, 즉 최근 세상을 뜬 페르디난트 라살레의 추종자들의 잘못된 견해들을 대변하고 있었다. 옳은 길을 택하지 못한 고타강령의 실패는 마르크스가 비판에 있어 새로운 수준의 현학에 도달하도록 만든다. 그리고 여기서 그는 자신의 몇 가지 관점들에 대해서는 다른 곳에서보다 더 명료하게 표현하고 있다. 특별히 그는 코뮤니즘 사회가 '그 깃발에 새겨야' 한다는 자신의 관점을 상세히 설명하고 있다. 즉 "모두는 능력에 따라 일하고, 필요에 따라 얻는다(M. 615)."

우리는 이런 다양한 경향들에서 어떻게 견실한 상을 얻어낼 수 있을까? 이제 세 가지 논제, 즉 노동의 본질, 경제조직의 본질, 물질 자원의 분배의 본질 등을 살펴보자.

앞에서 살펴보았던 것처럼, 노동이 소외되어선 안 된다는 희망은 자본주의 체제에 대한 비판에서 유래한다. 그리고 소외가 없는 사회를 어떤 형태가 되었건 그가 원하는 바대로 일할 수 있다는 것보다 더 잘 묘사할 수 있겠는가? 그런 조건에서의 노동이야말로 마르크스가 《고타강령 비판》에서도 말하고 있는 것처럼 '삶의 가장 큰 욕구'라고 할 수 있을 것이다. 이런 이상은 마르크스의 관념, 즉 생산 활동—노동—은 인간의 가장 특징적이면서도 본질적인 특질이라는 관념과 잘 결합되어 있다.

그러나 우리는 노동이 '삶의 최상의 욕구'가 되도록 사회를 재조직해야 한다는 관념은 무력에 호소하는 혁명 구호로서는 미흡하다는 사실을 인정해야만 한다. 도대체 착취당하고 있는 소외된 프롤레타리아 계급이 거기에 얼마나 참여하겠는가? 더 실용적으로 엥겔스는 코뮤니즘의 제일가는 매력은 그것이 잘 조직되어서 해야 할 일들이 줄어드는 것이라고 주장한다(그리고 그 일을 할 사람들은 더 많아지는 것이라고 한다. 군인, 성직자들과 사기꾼 브로커들은 모두 정직한 노동으로 방향을 바꿀 수 있다). 그는 노동자들을 상대로 한 연설에서 이렇게 언급했던 것이다.

그러나 가장 어려운 문제는 노동이 소외되지 않으면서도 어떻게 고도의 생산성을 유지할 수 있는가 하는 것이다. 고도의 생산성은 발전된 노동 분업에 좌우되는 것처럼 보인다. 그러나 이것이야말로 다른 어떤 것보다도 소외된 노동을 초래한다. 여러분이 기분이 날 때에는 언제나 사냥하던 것을 바로 할 수 없다는 것이다. 고도의 생산성은 필연적으로 소외를 야기하는 듯하다.

나아가 마르크스는 코뮤니즘이 모든 사람들에게 새로운 창조적 힘들을 일깨울 것이라고 주장했지만, 그렇다고 해서 이런 주장이 '세속적인 노동을 어떻게 다루어야 하는가'란 과제에 역점을 두고 있는 것은 아니다. 이에 대한 대답 중의 하나는 다음과 같다. 즉, 기계화될 수 있는 것은 무엇이든(기계의 보수 유지를 포함해서) 해당 업무를 완수할 시간을 남겨줄 것이며, 그것은 노동과 여가로 구성될 것이다. 이것이 마르크스가 《자본》 3권의 유명한 구절에서 제안하고 있는 바이다.

"미개인들이 자신들의 욕구를 만족시키고, 생명을 유지하고 재생산하기 위해 자연과 싸워야 했듯이, 문명인들도 그래야만 했다. 그는 모든 사회 구성체들과 모든 가능한 생산양식들 가운데에서 그렇게 해야만 했다. 그가 발전함에 따라 물리적인 필연성의 영역은 그의 욕구의 결과로서 확장된다. 하지만 이와 함께 이런 욕구들을 충족시켜주는 생산력들도 증가한다. 이런 분야에서의 자유는 사회화된 인간이나 연합된 생산자들 속에서만 존재한다. 이들은 합리적으로 자연과의 신진대사를 조절하며, 자연의 맹목적인 힘들과 같이 자연에 의해 지배되지 않고, 자연을 자신들의 통제하에 둔다. 그리고 이것을 에너지를 최소한으로 소비하는 가운데 완수하며, 그들의 인간적 본성에 가장 어울리면서 또한 유리한 조건들 아래에서 수행한다. 그러나 그럼에도 그것은 아직 필연성의 영역에 머물러 있다. 이 너머에서 그 자체가 목적인 인간 에너지의 발달과 진정한 자유의 영역의 발달이 시작될 것이다. 이 자유의 영역은 그 토대로서 필연성의 영역과 함께 해야만 만개할 수 있을 것이다. 노동 시간의 단축은 그것의 근본적인 선결과제이다(M. 534~535)."

이 생각이 현실적으로 가능한지의 여부를 떠나 그것은 최소한 일관성이 있으며 매력적인 이상으로 보인다.

우리는 경제조직 전반에 관한 마르크스의 성찰에 어려움이 있을 수 있다는 것도 알고 있다. 한편, 나는 "'내가 마음먹은 대로' 욕구하는 것은 무엇이든"이란 쪽으로 방향을 전환할 수 있다. 다른 한편, 자본주의의 문제는 생산의 아나키로서, 합리적인 계획으로 대체되어야 한다. 그러나 마르크스의 제안은 계획적이기보다는 무정부적인 것처럼 보인다. 그는 "사회가 일반적인 생산을 조절한다"고 까지 말했으니 말이다. 혹시 우리가 '사냥하고 낚시질하는' 구절을 너무 진지하게 다루지 말았어야 했는지도 모르겠다. 따지고 보면, 그것은 상대적으로 초기 텍스트로, 마르크스가 살아 있을 때에는 출판되지도 않았고, 다시 한 번 언급된 적도 없다.

끝으로, 분배에 관해 간단히 한마디 해야겠다. 재화는 어떻게 개인들에게 분배되어야 하는가? 개인의 능력에 따라 기여하고, 필요에 따라 받아야 한다는 마르크스의 견해는 분명히 어떤 세계를 선취하고 있다. 그는 모든 구성원들이 기꺼이 자신의 역할을 다하는—자신이 할 수 있는 것을 하는—세계를 예견하고 있다. 그들은 노동의 대가로 얻을 보수에 관한 문제는 제기하지 않는다. 또한 이들은 투하량과 산출량 간의 어떤 정비례를 확신하려고 한다. 이들은 이상주의자인가? 그러나 이것이야말로 흔히 가족이 작동하는 방식이다. 여러분은 자신들이 합리적으로 해낼 수 있는 것을 제공하여 기여할 것이며, 여러분들의 욕구는 가능한 범위 안에서 해결될 것이다.

골치 아픈 문제는 어떤 기여도 하지 않으려는 사람들을 어떻게 할 것인가 하는 것이다. 만일 그들이 능력이 모자라 기여할 수 없다면, 코뮤니즘 사회는 그들이 필요로 하는 것을 거부할 것인가? 마르크스는 이 문제를 논의하지는 않았지만, 그는 아마도 '그런 문제는 일어나지 않을 것'이라고 대답할 것이다. 노동이 '삶에서 가장 큰 욕구'라면, 누가 일하지 않으려 할 것인가? 그런데도 논점은 성가신 것일 수 있다.

가령 게임을 하지 않으려는 사람들이 있다고 가정해보자. 추측하건대 마르크스는 코뮤니즘 사회는 이런 문제를 다룰 방법을 찾아야 한다고 말했을 것이다. 그리고 만일 그런 문제가 일어난다면, 그의 입장에서가 아니라 자본주의 사회의 입장에 서서, 그들이 무엇을 해야 하는지를 이야기해야 한다고 말했을 것이다.

그러면, 마르크스의 목표와 흡사한 것에 도달할 수 있었다고 한번 상상해보자. 대부분의 생산은 기계화되었지만, 개인들의 몫으로 남겨진 노동도 아주 잘 수행되고 있다. 따라서 노동과 여가 사이의 구분이 없어지고 사람들은 운동하면서 각자의 창조성을 새롭게 즐기고 있다. 모두는 자신들의 욕구를 만족시켜왔으며, 또 실로 어떤 것도 더 원하지 않는다. 분쟁과 갈등이 끝나고, 드디어 인간 존재에 잘 어울리는 세계가 왔다. 그야말로 멋지게 들리는 소리이지만, 과연 그런 세상이 올 수 있는가? 이 문제를 간단히 살펴보기로 하자.

4장

○○○○○○○○○○○○○○○

왜 여전히 마르크스를 읽어야 하는가?

마르크스는 유효하다

마르크스 사상의 주요 경향을 이해했다면, 마지막으로 이 글을 시작하면서 제기했던 문제, 무엇이 살아 있으며, 무엇이 죽었는가 하는 문제에 답해보기로 하자.

이와 관련하여 마르크스의 사상을 차례로 면밀히 검토하기 전에, 내가 강조하고 싶은 것은 마르크스 사상 전체가 아직도 생동하고 있다는 사실이다. 마르크스의 주요 사상들은 저마다 학습할 만한 가치가 여전히 많다. 우리는 20세기 역사에서 그 이유를 찾아볼 수 있다. 이론과 실천에서 마르크스의 영향은 헤아릴 수 없다. 현실 세계와 현대 사상의 세계에는, 최소한 마르크스 사상의 윤곽만이라도 이해하지 않고는 도저히 파악할 수 없는 관점들이 대단히 많이 존재한다. 이것만으로도 마르크스에 각별히 주목해야 할 이유는 충분하다. 이를 전달하기가 그렇게 쉽지는 않지만, 더 중요한 이유들이 훨씬 더 많은 것이다. 대철학자들, 예를 들어 플라톤, 아리스토텔레스, 데카르트, 로크, 흄, 그리고 칸트 등을 살펴보자. 만에 하나, 우리가 이 철학자들을 읽을 가치가 없다고 생각한다면, 그러면 어느 누구는 읽을 만한가? 그런데 왜 우리는 그들을 읽는가? 그들이 어떤 확고한 결과들을 증명했거나 확립했기 때문은 아닐까?

하버드 대학교의 철학자로 소수의 저작을 가지고도 커다란 영향을 미친, 버튼 드리븐Berton Dreben의 후기 '라이프니츠의 사상'에서 하는 말을 들어보자. "아마도 라이프니츠는 지금까지 살았던 사람들 중 가장 지적인 사람일 것이다. 그러나 그의 철학 저작 중 진실은 어느 정도까지였을까? 도대체 어느만큼이 이치에 맞는가?" 드리븐은 이어서 헤겔의 《정신현상학Phenomenology of Spirit》은 "아마도 인간의 가장 위대한 성과물인 동시에 가장 어리석은 행위"일 것이라고 기술하고 있다.

내 주장은 위대한 철학자들의 작업은 그들이 지닌 힘, 엄격함, 깊이, 창조성, 통찰, 독창성, 체계적 비전 등에 의거해 평가해야 한다는 것이다. 진리, 혹은 최소한 전체적 진리, '진리를 제외하면 무'라는 생각은 거론할 가치가 없을 것 같다.

이제 우리는 여기서 주도면밀하지 않으면 안 된다. 위대한 철학자들이 작품을 창조할 수 있었던 것은 아마도 오로지 자신들이 바로 진리를 발견했거나 발견 직전에 있다고 정열적으로 믿었기 때문일 것이다. 위대한 철학 작품의 중심부에는 언제나 진리를 향한 갈망이 자리 잡고 있다. 그러나 결과물의 가치는, 실제로 그 작품들이 이 목표를 성취했는지에 달려 있는 것이 아니다. 이를 논외로 하면, 진리보다 훨씬 더 흥미로운 것들이 많이 있다. 이런 방식으로 이해할 때, 마르크스의 저작들은 다른 어떤 것들과 마찬가지로 여전히 생생하게 살아 있다.

다른 한편으로, 마르크스는 철학을 일찌감치 포기하고, 스스로를 오히려 과학자라고 생각했다. 사상사가思想史家들에게는 오류로 밝혀진 과학이론이라도 큰 관심을 끌 수 있겠지만 과학자에게는 별 쓸모가 없다. 이런 이유로 진리가 다시 한 번 중심적 지위를 차지한다.

그래서 지금 내가 하려는 것은, 역사이론과 경제학을 제각기 초기 저작들에서 뽑아놓는 일이다. 나는 옳고 그른 것을 각각 나열하는 식의 투박한 짓은 결코 하지 않을 것이다. 그보다는 그것들을 여러 방법으로 평가할 것이다. 어떤 요소들은 그것의 모호성으로 인해, 혹은 마르크스가 그것들을 입증하지 못했다는 이유로 비판당할 것이다(그것들은 마르크스가 다른 데서 언급했거나 직접적으로 다루었던 것으로부터 추론되지 않는다). 또 어떤 것들은 그것들이 지닌 통찰력과 우리의 세계에 대한 이해에 기여했다는 이유 때문에 각광 받을 것이다.

마르크스의 초기 저작들에 관한 설명이 상당히 길었지만 이에 대한 평가는 상대적으로 간략할 것이다. 그동안 논의했던 주제들 중에는 종교도 들어 있었다. 또 역사 유물론의 철학, 소외된 노동을 포함하는 소외, 화폐와 신용, 자유주의, 그리고 해방 등의 논제도 다루었다. 내가 보기에 이런 논제들에 대한 마르크스의 언급들은 통찰로 가득 차 있다. 물론 내가 그것들을 모두 수용하겠다는 것은 아니며, 그냥 넘어가지 못할 문제들을 지적할 것이다. 먼저, 나는 마르크스의 초기 저작들 중에서 발견한 몇 가지 불만들을 지적하고자 한다.

마르크스의 종교 분석은 네 부분으로 나눌 수 있다. 첫째, 인류는 신을 자신의 형상대로 창조하였다(《포이어바흐의 테제》). 둘째, 그 신은 현실 세계에서의 불행에서 벗어날 수 있는 위안을 얻기 위해 고안된 것이다. 셋째, 인간의 불행의 원인은 일상생활에서의 소외이다. 넷째, 오직 코뮤니즘 사회만이 이런 소외를 극복하고, 종교를 초월할 수 있다.

이러한 마르크스의 주장에 대한 반대자들은 마르크스가 틀렸으며, 전통 신학이 옳다고 말한다. 즉 신은 존재하며, 신이 인간을 창조했으며, 또 인간에게 신을 숭배하도록 명령한다는 것이다. 나로서는 그토록 지적이면서 교양 있는 사람들의 이런 절대적인 믿음이 언제나 놀랍기 짝이 없다. 하지만 그냥 넘기기로 하자. 전통 신학이 옳았다면, 마르크스는 애초부터 방향전환을 잘못했음이 분명하다는 것을 지적하고자 한다.

그 다음, 인간이 신을 고안했다는 포이어바흐의 테제가 옳다고 가정하자. 마르크스가 이룬 혁신은 왜 이것이 옳은가를 설명하려고 했다는 사실이다. 그러나 우리의 불행이 종교의 원천이며, 특히 소외가 불행이라는 점을 받아들여야 하는가? 그렇다면 문제는 상대적으로 풍요한 사회들에서조차 종교는 계속 존재하고 있으며, 또한 훨씬 더 풍요로운 계급들에서도 마찬가지라는 것이다.

이런 점에서 볼 때, 종교의 모든 측면들을 하나의 위안으로만 보기는 어렵다. 당연히, 이에 대한 마르크스주의적인 대답들에는 다음 몇 가지가 있다. 첫째, 현대의 어떤 사회들은 물질적 재화는 풍요롭지만, 아직 계급이 나뉘어 있으며, 그 때문에 소외되어 있다. 그래서 인간은 결국 위안을 필요로 한다. 둘째, 계급 사회에서 종교의 존재는 노동자들을 억압하는 데 매우 유용하다. 천국에 대한 생각에 미혹되어 노동자들은 지상의 지옥에 대해서는 저항을 덜하는 경향이 있다는 것이다. 이것은 이데올로기 이론과 직결된다.

한편 사회의 상위 계급은 자신들의 이익을 위해 이런 신화를 영속적으로 보존, 고안할 필요가 있었다. 엥겔스는 18세기의 영국을 묘사하면서 이를 다음과 같이 표현하고 있다.

"간단히 말해, 이제 영국 부르주아지는 나라의 광대한 생산 대중들인 '하위 계급들'을 억압하는 데 개입하지 않으면 안 되었다. 이 목적으로 사용된 수단들 중 하나가 종교의 영향이었다(SUS 22)."

우리는 여기서 '부르주아 계급의 음모를 알지 못하는 얼간이'라는 노동자들의 초상이 그다지 교훈적이지 못하다는 것을 지적해야겠다. 하지만 그것은 또한 사실이기도 하다. 그러나 그렇다고 해서 종교의 기능이 위안이라고 주장하는 것은 아니다. 왜냐하면 종교는 단지 통제수단으로 등장하고 있기 때문이다. 그래서 인간이 신을 고안해냈다는 포이어바흐의 테제는, 우리가 왜 이것을 해야 했는지와 관련된 그런 마르크스의 가설과 분리할 수 있다는 사실을 지적하고 싶다. 따라서 우리는 인간이 종교를 고안해낸 이유를 다른 데서 찾아보아야 한다. 그것은 우리 주변의 세계를 설명하려는 우리의 욕구와 관련된 것일지도 모른다. 그리고 마르크스가 간과했던 다른 욕구들에 대답해줄 것이다. 이것이 우리가 뒤에서도 몇 차례 더 논하게 될 부분이다. 그것은 마르크스의 초기 저작들의 핵심적인 사상들과 연관된다. 즉, 노동 또는 생산 활동이야말로 인간의 현실 참여의 으뜸가는 형식이라는 것이다. 이런 주장은 곧 (간단하게나마) 더 검토될 것이다.

이제 소외와 소외된 노동에 대한 마르크스의 설명으로 돌아가보자. 다시 한 번 우리는 그의 관점이 매우 감동적이면서도 영구한 가치를 지니고 있음을 인정해야만 하겠다. 그가 기술하고 있는 정확한 생산 조건들은 이제 서유럽에서는 찾기 힘든 것이지만, 개발도상 국가들에서는 풍토병과 같은 것이다.

여기서 나는 단 두 가지 문제만을 제기하고 싶다. 이것들은 코뮤니즘에 대한 논의에서 더 상세하게 검증될 것이다. 먼저, 마르크스는 소외된 노동을 자본주의 경제체제와 연관시켰음에도, 자본주의가 실제로 문제인지는 그렇게 분명하지 않다. 왜냐하면 소외된 노동의 어떤 측면은, 고도로 기계화된 생산 과정의 모습일 수 있으며, 이는 코뮤니즘이나 자본주의, 모두에서 똑같이 나타날 것이기 때문이다.

이에 대해 '노동 분업이 그 자체로 반드시 소외된 것은 아니다'라고 답할 수 있을 것이다. 말하자면 소외는 (일찍이 인정되었던 바처럼) 미숙련일 때에만 나타나는 현상이라는 것이다. 자본주의는 적어도 이윤을 추구하는 특정 시점에서는 소외 과정을 촉진하지만, 코뮤니즘은 그럴 필요가 없다는 것이다. 이것은 시험되지는 않았을지라도 공평한 관점이다. 그러나 그것은 아직도 우리에게 두 번째 문제를 남겨놓고 있다.

마르크스는 우리에게 소외로부터의 해방이 어떤 상태인지를 정말 거의 이야기하지 않았다. 이 경우, 자본주의에 대한 비판은 설득력이 있겠지만, 그것과 관련해서 우리가 하려고 하는 바는 매우 불투명하게 남아 있다. 이것이 바로 본질적으로 마르크스가 단순히 인간 해방의 본질에 관해 충분하게 이야기하지 않았다는 비판이다.

이와 같은 지적을 마르크스의 화폐와 신용체계에 대한 비판과 관련해서도 거듭할 수 있을 것이다. 진실이고도 또 진실이지만, 우리가 그 외에 또 무엇을 해야 하는지를 말해주시라.

끝으로 자유주의에 대한 마르크스의 비판과 관련하여 몇 가지 지적하겠다. 본질적으로 그는 자유주의를 자유와 평등, 안전, 그리고 재산권 등에 대한 인정과 동일시하고 있다. 여기서 비판거리는 이것들이 상호 의존과 더불어, 상호간 침해로부터 보호받을 수 있는 권리라는 것이다. 이 양자는 인간은 서로 고립된 원자들이며 상호간에 영원히 잠재하는 위협적인 존재라는 식으로 인간 존재의 상을 전제하고 강화한다. 마르크스주의적인 관점은, 이런 것이 자본제에서 인간이 어떻게 행동하게 되어 있는지를 잘 설명해주지만, 그것이 결코 인간 실존의 본질적인 형태는 아니라는 것이다.

최근 들어 생겨난 자유주의에 대한 수많은 비판들은 이런 논증을 부활시키거나 거의 재탕한 것에 가깝다. 여성주의적 비판들은, 예를 들어, 자유주의적인 정의와 권리들의 체계가 인간 본성에 관한 특히 남성적이며 대립적이고 경쟁적인 가설들을 구현하고 있다고 본다. 그러나—몇몇의 여성주의자들은 이렇게 말한다—훌륭한 인간의 삶이란 협동적인 것으로, 상호 배려의 관념들에 근거하고 있지, 정의에 근거한 것은 아니다. 때문에 권리들의 체계는 인간 공동체가 번창하도록 뒷받침해주지 못할 뿐 아니라, 실제로는 방해가 되며, 인간관계를 전면적으로 즐기지 못하게 만든다는 것이다.

　두 가지 유형의 대답을 살펴보자. 그중 하나는 인간은 경쟁적이며 대립적인 존재로, 역사가 이것을 증명하고 있다고 말한다. 그 외의 것은 모두 그저 소망적 사고일 따름이라고 한다. 이 말은 옳은가? 그럴 수도 있겠다. 그러나 인간 생활이 항상 이와 같다는 논증을 이해하기란 대단히 어렵다.

　그래서 훨씬 온건한 두 번째 대답이 더 설득력이 있다. 이것은 단순히, 이기주의자의 상이 잘못이라는 것을 우리가 모르고 있다고 논평한다. 그렇다면 우리는 우리의 자유주의적인 권리들을 더 잘 주장할 수 있었을 것이다. 예를 들어, 내가 밤에 현관문을 이중으로 잠근다고 할 때, 그렇게 안 하면 반드시 집에 강도가 침입할 것이라고 생각하기 때문은 아니다. 그것은 내가 실제로 범죄율이 높은 지역에 살고 있어도 마찬가지다. 그보다는 오히려 내가 강도당하지 않을 것이라고 생각할 수 없는데다가 다른 사람들의 도덕적인 선의지를 신뢰할 수 없기 때문이다. 결과적으로 이중 잠금 행위는 일종의 보험이다. 우리가 경계하는 것은 누구도 믿을 수 없기 때문이 아니라, 극소수의 사람들을 믿지 못하기 때문이다. 자유주의적인 권리들의 옹호자들도 같은 이야기를 한다. 우리는 바로 이런 권리들이 필요하다. 우리가 그것들 없이 살 수 있다고 생각하는 것은 너무 커다란 위험을 무릅써야 한다. 지나친 신뢰는 경솔한 것이다.

그러나 반대하는 쪽 중에서는 낭만적인 계열들이 호소력이 있다. 이와 같이 우리를 스스로 보호할 필요가 있는 사회라면 최상의 사회는 아니며, 우리는 분명히 더 나은 사회를 희망할 수 있다는 것이다. 이에 대해 권리의 옹호자들은 다음과 같이 대답할 것이다. 여러분이 하고 싶은 모든 것을 희망하라! 하지만 그러는 동안 여러분들의 권리들은 포기하지 않기를……

그러나 우리는 이 절에 좀 더 좋은 점수를 주고 끝내보자. 마르크스 초기 저작들이 지닌 힘은, 많은 선진국들에서 발견되는 자유민주주의적인 자기만족들을 문제시하는 것에 있다. 우리가 보았던 것과 같이, 마르크스의 사상은 성장하는 반자본주의 운동과 많은 것을 공유하고 있다. 이런 사실은 우리가 마르크스 사유의 영속적인 중요성과 풍요함을 이해하는 데 도움을 준다. 여기에 몇 가지 예들이 있다.

먼저, 1844년 초고에 나오는 화폐에 대한 비판은 상품화에 대한 비판으로 읽히는 게 최상의 독법일 것이다. 즉, 우리가 소중히 여기는 물건들이 팔릴 상품으로 탈바꿈해서 시장에서 팔린다는 사실에 대한 비판으로 말이다.

가장 탁월한 최근의 예는 인터넷을 통해 돈을 주고 아이를 입양하는 것이지만, 그 외에 다른 예들도 많이 있다. 일류급의 아마추어 스포츠는 이제 거의 존재하지 않는다. 한편 축구클럽에 관한 이야기들은 상거래 관련 페이지에 매일 나타난다. 교육은 점차로 재원과 회계 관련 논제들에 의해 밀려나고 있다. 엄청난 수의 군인들이 유아들과 노인들을 보살피기 위해 고용된다. 이제 '가치'는 '가격'이나 '거래가격'까지도 의미한다. 사랑이나 어떤 본능적인 의무감, 혹은 선의지 등에 대한 보상이 적으면 적을수록, 더욱더 많은 것이 경제적 이익을 위해 팔리고 교환된다.

둘째로, 마르크스는 대기업, 특히 거대 금융기관의 힘에 주목하게 만드는 데 수고를 아끼지 않았다. 이들 기관들은 고용의 철회 결정을 내리거나 신용대부의 기한 연장을 거절하는 등 상업적인 결정을 함으로써 개인을 죽이고 살리는 힘까지 지니고 있었던 것이다. 선진국에서(발전된 세계에서는) 개인은 국가로부터 보호를 받아 어느 정도 균형이 이루어지지만, 그렇지 않은 곳들도 많이 있다.

세 번째로, 좋은 사회에서는 사람들끼리 상호 대립할 권리가 필요하지 않을 것이라는 마르크스의 주장을 납득하고 있지는 않음에도 권리가 보장해주는 것은 아무것도 없다는 그의 주장에는 동의하고 있다. 나는 일찍이 이런 의견을 말하는 데 비합법적인 임금 차별의 예를 든 적이 있다. 그러나 나는 이와 동시에 극심한 인종차별이나, 혹은 종교나 계급을 이유로 한 차별대우의 예를 사용할 수도 있었을 것이다. 이론적으로는 이 모든 차별들이 권리를 침해하는 것이지만, 아직도 계속되고 있다. 우리는 좀 더 심층적인 변화를 필요로 한다.

그리고 우리는 이것을 네 번째 논점으로 확장할 수 있다. 정확히 동일한 논제들이 민주주의와 관련하여 제기되었다. 물론 유권자에 포함되는 것이 안 되는 것보다 훨씬 낫기는 하지만 실제 그것이 여러분들에게 이익이 될지는 전적으로 모를 일이다. 그것은 직장이나 가족 등 일상생활에 관련되는 영역에서는 아무 영향을 끼치지 않을 것이다. 한 사람이 자신의 삶을 관리한다는 것은 투표권을 포함하는 자유주의적인 권리, 그 이상을 필요로 한다. 일단 우리가 자유주의적 권리들을 획득하면, 우리는 쉴 수가 없다. 그것들을 효과적으로 만들기 위한 싸움은 길고도 힘들 것이다. 우리가 이것을 염두에 두는 것도 마르크스가 남긴 유산의 한 부분이다. 그는 이처럼 자신에게 주장하는 것을 원하지 않았을지라도 말이다.

역사이론이 던진 문제들

인간의 생산력은 역사를 관통하면서 계속 발전하는 경향이 있다는 주장이 역사이론의 출발점이다. 그리고 사회 구성체들은 생산력의 성장을 촉진하거나 좌절시킴에 따라 흥성하고 소멸한다는 주장에서 출발한다. 그의 분석 가운데 가장 흥미롭고 특별한 것은, 그런 시대가 꼭 온다는 것, 자본주의가 생산력들의 발전에 족쇄를 채워, 그 결과 자본주의의 종말이 오고 코뮤니즘이 반드시 도래한다는 것이다.

이것은 여러 이념들의 강력한 혼합물이다. 그러나 논증의 매 단계마다 질문들이 제기될 수 있을 것이다. 일단 우리가 논의를 시작하면, 그것은 희박한 대기로 흔적도 없이 사라질 위험에 처해 있다. 끝에서부터 시작해보자. 논증의 편의를 위해 우리는 마지막 논점을 제외하고 모든 것을 받아들이기로 가정하자.

자본주의가 비틀거린다고 해서 왜 꼭 코뮨제로 대체되어야 하는가? 마르크스는 이런 주장에 대해 어떻게 논증하며, 또 어떤 증거를 가지고 있는가? 확실히 그는 이에 관해 상당히 자주 언급하고 있지만, 슬프게도 그 같은 반복은 논증이 되지 않는다.

어쨌든 명백한 논증들이 몇 가지 있다. 코뮤니즘은 자본주의의 태내에서 자라고 있는데, 이것은 바로 자본주의가 봉건주의의 태내에서 자랐던 것과 마찬가지다. 그런데 이것은 얼마나 설득력을 지니는가? 결국 마르크스 또한 생산의 무정부상태도 자본제 아래에서 발전하고 전개되는 것이요, 또 노동자들의 빈곤도 그렇다고 말하는 것이다. 그러고 보면 많은 것들이 자본제란 태내에서 성장하고 있다고 할 수 있다. 그렇다면 왜 잠재적인 코뮤니즘 형식의 경제 분석이 특별히 주목받고 있는가?

로자 룩셈부르크가 꽤 높은 수준의 경고인 '우리의 대안은 사회주의인가 야만인가'의 출처가 엥겔스라고 했다는 것은 유명하다. 그런데 우리는 이 경고에 대해 아직 물을 것이 남아 있다. 왜 이 두 가지 선택—야만주의가 사회주의를 제외한 모든 것을 포괄하는 용어가 아니라면—만 있는가? 진실로, 마르크스는 일찌감치 코뮤니즘의 도래를 예언했다. 그는 1843년, 자신의 역사이론의 윤곽을 발전시키기 몇 년 전부터 이미 그것을 예언했던 것이다. 다른 말로, 그의 예언은 원래 이론에서 추론되었다기보다는 그 이론이 예언을 뒷받침하도록 만들어졌다. 그러나 그는 역사이론이 실로 이런 예언에 근거를 제공하고 있는지에 대한 질문을 정면으로 다룬 적이 한 번도 없다.

설상가상으로 이론조차도 무엇이 자본주의를 대체할 것인가의 문제와는 별개로, 자본제는 멸망할 것이라는 예언을 뒷받침하고 있지 않은가? 이에 대한 마르크스의 명백한 언명은 모든 경제구조는 언젠가는 생산력의 발전을 방해한다는 것이다. 그러나 그는 여기서 코뮤니즘은 배제하고 있는 것 같다. 발전하는 생산력에 부드럽게 적응하여 영속적으로 존재하는 것이 왜 자본제에서는 안 된다는 말인가? 자본제는 불가능하다는 마르크스의 주장은, 자본제의 이윤율의 저하 경향과 점점 심화되어 가는 공황에 근거하고 있다.

그러나 지금까지 자본제는 그 역경들을 뚫고 나갈 수 있음을 증명했으며, 우리가 살펴볼 것처럼, 이윤율 저하의 경향은 지탱하기 어렵다. 자본제가 역사적 현상이라는 사실에서(자본제에는 그 발단이 있다), 그리고 우연한 현상(그것은 본성이나 필요에 의해 존재하지 않는다)이라는 사실에서, 자본제는 반드시 종말을 맞는다는 어떤 주장도 추론되지 않는다. 마르크스는 자본제가 결국에는 생산력의 발전을 속박할 수밖에 없다고 생각할 충분한 근거를 제공하지 않았다.

결과적으로 마르크스의 두 가지 예언은 역사 유물론의 기본 이론에서 추론된 것 같지는 않다. 이것은 깜짝 놀랄 결과를 낳는다. 즉, 사람들은 마르크스의 역사이론을 믿을 수는 있겠지만, 그 이론으로는 자본주의가 멸망한다고 생각할 적절한 이유가 없다는 것이다. 혹은 멸망한다고 해도, 코뮤니즘이 대체할 것이라고 믿을 아무런 근거가 없다는 것이다. 이런 논증들은 아주 특이한 부류의 마르크스 추종자들을 만들어낸다. 하지만 전적으로 일관성이 있는 입장이다.

그러면 마르크스의 역사이론 그 자체는 어떤가? 내가 지금까지 이에 대해 전혀 언급하지 않은 것은, 다음의 주요 주장, 즉 역사는 인간 생산력의 발전 역사이며, 사회는 성장을 촉진하거나 저해하는가에 따라 흥망성쇠를 거듭한다는 주장에 의문을 던지기 위해 의도된 것이다. 이제부터 함께 살펴보기로 하자.

이론이 지닌 영향력의 상당한 부분은 무뎌져 다음, 즉 한 사회의 형식이 생산력의 발전을 저해한다면 궁극적으로 그 사회는 무너질 것이라는 주장으로 귀착된다. 지금까지 마르크스의 많은 추종자들은 이를 공고히 하려고 많은 노력을 기울였다.

그렇지만 예를 들어, 계급이 극심하게 분화되어 있는 한 사회를 상상해보자. 부와 권력을 지닌 소수의 귀족은 보수가 좋은 강력한 군대를 통해 그 특권을 보호받고 있다. 나머지 대부분의 노동자들은 상대적으로 빈곤에 시달리고 있다. 어쨌든 그들의 공동체 의식은 강력해서, 그들은 사회 내에서의 자기 위치에 분개하지 않는다. 나아가 종교적 믿음은 그들의 묵인을 방조한다. 그들은 자신들을 지배하는 자들에 대해 우월한 이익을 제공받을 권리와 자격이 있는 사회적으로 더 우수한 사람들로 여긴다.

생산력의 발전이 정체되었다고도 가정해보자. 지배계급의 성원들은 기존의 설비에서와 같은 이익을 얻는다면 혁신을 할 아무런 동기를 발견하지 못하며, 또 변화해야 할 아무런 이유가 없다. 새로운 기술을 개발해야 할 어떤 노력도 재빨리 사그라진다. 왜냐하면 기술적인 변화를 현재 삶의 방식에 대한 거대한 위협으로 생각하고 있기 때문이다.

그렇다면 이때 생산력에는 족쇄가 채워진다. 마르크스주의 이론은 결국 생산력은 반드시 이를 뚫고 자유롭게 돌파해 나온다고 주장한다. 그러나 이제 우리는 그 이유에 대해 질문해야 할 것이다. 모든 사람들이 합리적으로 만족하고 있다면, 왜 변화가 있어야만 하는가? 그 대답으로 조만간 불만족이 확산될 것이라는 점을 들 수 있다. 어느 해의 식료품의 부족은 기아로 이어지지만, 그 다음 해에는 노동자들로 하여금 그들의 지도자들에게 의문을 제기하고, 그들의 착취에 분개하며, 현 상황을 타개할 방도를 찾도록 만든다. 이 단계에서 생산력을 발전시키려는 노력이 다시 행해질 것이며, 이번에는 아마도 성공할 것이다. 그렇게 될 경우 현존하는 사회 질서는 무너지기 시작한다.

이것은 상당히 그럴듯하게 들린다. 그러나 조만간 이런 식으로 일이 돌아갈 수밖에 없다고 믿을 만한 이유라도 있는가? 논증은 다음과 같다. 근본적으로 인간의 식욕, 주거에 대한 욕망 등은 너무나도 중요해서 다른 모든 고찰 대상들을 무로 돌려버린다는 것이다. 따라서 생산하려는 욕구는 반드시 충족되지 않으면 안 된다.

아마도 결국에는 다른 어떤 것도 인간의 단순한 생존욕구와 앞을 다툴 수는 없을 것이며, 이 욕구야말로 생산력의 꾸준한 진보를 이끌어내고, 사회를 근본적으로 혁신하게 만든다. 그렇지만 우리는 다른 욕구도 가지고 있지 않은가? 다시 한 번, 우리는 노동과 생산에 관한 마르크스의 이념에 무한한 신뢰를 보내고 있다는 것을 발견하게 된다. 말하자면 가장 본질적인 인간의 행위는 물질적 욕구를 충족시키기 위해 노동하는 것이라는, 노동과 생산에 관한 이념 말이다. 이런 주장들을 더 깊이 다루는 것은 조금 뒤로 미루고, 여기서는 마르크스가 이룩한 역사이론에 대한 기여의 가치를 생각해보자.

마르크스는 말할 것도 없이 거대한 비전을 지녔다. 역사의 추동력은 우리의 물질적 욕구들을 충족시키려는 우리 자신들의 노력이다. 우리의 현재 욕구들을 만족시키려는 노력은 새로운 욕구들을 낳는데, 이것은 끝이 없는 과정일지도 모르겠다. 이런 관점에서 경제학은 역사의 뿌리다.

이제, 내가 이런 이론들의 몇 가지 난점들을 들기는 했지만, 그리고 마르크스가 이로부터 이끌어내려고 한 함축들이 지닌 문제점들을 지적하기는 했지만, 나는 그것들이 그릇된 것이라고 하지는 않았다. 그래서 마르크스가 옳다고도 할 수 있을 것이다. 그러나 그가 엄격히 말해 틀렸다 하더라도, 그가 역사에 대한 우리의 이해를 탈바꿈시켰다는 것은 부정하기 어렵다. 무엇이 역사를 추동하는가? 커다란 이념들, 위대한 개인들, 아마도 이것들이 어떤 역할을 할 수도 있을 것이다.

그러나 경제적 힘들의 거대한 영향은, 그 외 어떤 욕구들을 포함시키건 간에 거의 부정할 수 없을 것이다. 실제 문제는, 마르크스가 진리 전체를 갖고 있는가 아니면, 그것의 주요 부분을 갖고 있는가이다.

그리고 우리는 특히 현재를 역사적 관점에서 보게 만든 것이 마르크스였음을 잊지 말아야 한다. 자본주의는 모든 시대에 걸쳐 존재했던 것이 아니다. 그것은 다른 경제적 상황들로부터 발전해왔다. 아마도 그것은 영원히 지속되지는 않을 것이다. 우리는 최소한 이런 가능성을 위해 살아남아야 하며, 그렇게 단호하게 우리가 거기에 주목할 수 있도록 해준 것에 대해 감사해야 한다.

마르크스 경제학에 대한 평가

마르크스의 경제학은 노동가치론에 근거하고 있으며, 이것은 그의 가장 놀랄 만한 기여인 잉여가치론으로 귀결된다. 잉여가치론은 자본주의제 아래의 이윤이 노동자들의 착취에 근거하고 있다는 것을 보여준다. 나아가 노동가치론은 우리에게 자본주의가 필연적으로 경기 순환과 이윤율 저하를 포함하고 있음을 알려준다. 이윤율 저하는 아마도 모든 것 중에서도 가장 중요한 것으로, 더욱 심화되고 있는 위기들과 함께 자본주의의 종언을 불러올 것이다. 이 모든 것들은 훌륭하게 잘 결합되어 있는 것처럼 보인다.

그러나 불행하게도, 사물들은 항상 외적으로 보이는 것같이 존재하지는 않는다. 왜냐하면 그 중심에는 엄청난 진공이 존재하기 때문이다. 비록 그가 약간 길게 논증하려고는 하지만, 결국 마르크스는 우리에게 노동가치론이 참이라고 믿어도 좋을 아무런 이유를 제공하지 않기 때문이다. 그리고 오늘날 그것을 신뢰하는 경제학자들은 매우 드물다.

이제, 여러분은 다음과 같이 말할지 모르겠다. 말하자면 경제학자들은 지배계급의 성원들이거나 적어도 지배계급의 대변자들로, 따라서 그들을 퇴출시켜야만 한다고 말이다. 마르크스의 이데올로기 이론은 그만큼 많은 것을 예측하고 있다! 그러나 논점은 바로, 강력한 비판들 중의 몇몇은 그 이론을 믿을 이유들을 찾다가 실패한 마르크스주의 경제학자들에 의해 생겨났고, 또 승인되었다는 사실이다.

그렇다면 무엇이 문제인가? 이에 답하기 위해 이 문제를 두 가지 유형으로 나누어 생각해보자. 그것은 성가신 문제라고 부를 만한 것이다. 실물경제에는 노동가치론으로는 설명하기 어려운 가격을 지닌 재화들이 많이 있다. 피카소의 스케치 중에 어떤 것들은 그리는 데 몇 초밖에 안 걸렸지만, 수만 파운드의 가치를 지니고 있다. 훌륭한 포도주는 오래될수록 더욱 가치가 높아진다. 평범한 종류의 포도주들은 같은 조건에서 저장되었더라도 가치가 떨어진다. 경작되지 않은 대지는, 노동이 전혀 가해지지 않았다 하더라도, 그 가치가 엄청날 수 있다. 노동이란 똑같은 행위가 널빤지와 애완용 동물 깔짚용으로 팔리는 나무 대패밥을 생산한다면, 우리는 왜 널빤지가 더 가치 있는지를 어느 정도는 설명할 수 있게끔 널빤지와 대패밥에 노동을 적절하게 배분할 수 있겠는가?

이제 노동가치론을 옹호하는 사람들이 이런 사례들의 문제를 진지하게 다루는 경우는 드물다. 이론이란 사람들이 충분히 노력한다면, 이런 문제들을 해결해낼 수 있도록 바뀌고, 방향을 틀 수도 있으며, 수정되기도 하고, 재정의되기도 한다.

그런데 더욱 근본적인 문제가 있다. 마르크스에게 핵심이 되는 근본 주장은 노동이 모든 가치와 모든 이윤의 원천이라는 사실이다. 그러나 그것을 어떻게 논증할 수 있는가? 그것은 단순한 경우들에서는 명백해 보이기는 하지만, 그것만으로는 충분하지 않다. 우리는 논거를 필요로 한다. 한 가지 사실은 마르크스가 몇 가지 시도를 하기는 했지만, 그 어떤 것도 설득력을 갖지 못했다는 것이다. 그래서 그가 제시한 그럴듯한 설명 외에는 노동이 이런 특별한 역할을 한다고 주장할 근거가 없다.

물론 어떤 주장이 성공적으로 방어되지 않았다는 사실이 곧 그것이 오류임을 말하는 것은 아니다. 그래서 경제학자들은 이론을 검증할 수 있는 하나의 형태로 정식화하려고 노력했다.

그러나 결과는 매우 흥미롭다. 이론이 수학적 용어로 정식화되자마자, 노동과 관련해서 어떤 특별한 것도 없음이 입증된다. 말하자면, 사람들은 '옥수수의 가치론', '석유의 가치론' 등등을 제시할 수 있을 것이다. '강철의 가치론' 등 모든 종류의 가치론이 가능하다. 강철의 가치론이 주장하는 것은 강철이 모든 가치의 원천이라는 것이다. 말하자면 강철은 그것의 비용보다도 더 많은 가치를 창출하는 특성을 가지며, 따라서 모든 자본주의적인 이윤은 강철의 '착취'로부터 나온다고 주장할 수 있는 그런 흥미로운 특질을 지니고 있다는 것이다. 경제학자들은 이제 노동가치론보다 더 정당화되기 어려운 것은 없다고 주장하고 있다.

하지만 이런 주장은 터무니없는 것이다. 모든 재화들에는 노동이 포함되어 있다. 그러나 재화들 모두에 강철이 들어 있지는 않다. 그렇다면 어떻게 강철이 모든 가치들의 원천일 수 있겠는가? 그러나 불행하게도 이런 논증은 똑같이 노동가치론도 비판할 수 있다. 왜냐하면 우리가 보았던 것처럼, 모든 재화들에 노동이 들어 있는 것은 아니기 때문이다. 경작되지 않은 땅이 그 예이다. 또 완전히 기계화된 생산라인에서 생산된 재화들도 마찬가지다. 이것들에는 직접적인 노동이 들어 있지 않다. 물론 더 뒤로 돌아가면, '죽은' 노동의 흔적들이 있다. 말하자면 생산라인의 기계들에는 노동이 들어 있다. 그리고 어떤 경우이든 동일한 논점을 강철이나, 심지어는 노동자들의 뱃속에 든 옥수수에도 적용할 수 있다. 놀랍게 들리겠지만, 결론적으로 경제학의 관점에서 보면, 노동과 관련해 아무 특별한 것이 없다.

그러면 우리는 마르크스의 질문에 어떻게 대답할 것인가? 일반적으로, 이윤 창출은 어떻게 가능한가? 나는 확신이 없지만, 아마도 그것은 다른 사람들은 사용할 수 없거나 보지 못한 그런 기회들의 이점을 취해서 발생할 것이다. 완전경쟁 상황에서는 이윤이 생기지 않는다고 자주 언급된다(인터넷 상거래 주변에서도 관찰할 수 있는 것으로, 여기서 우리는 다른 어떤 시장에서 보았던 것보다 더욱 완전경쟁 상황에 근접하고 있다). 우리가 이윤의 존재를 손쉽게 설명할 수 없더라도, 마르크스의 이론에 심각한 결함이 있다면 그 이론을 받아들일 수는 없다.

이리하여 노동가치론은 이윤의 원천을 설명하지 못한다. 이윤율 저하 경향의 법칙도 마찬가지로 실패했다. 왜냐하면 그것은 오직 노동만이 가치를 창출한다는 가정에서 출발하고 있기 때문이다. 그렇다면 노동자들 역시 착취당하지 않는다는 결론이 나는가? 여기서 의견들이 엇갈린다. 어떤 이들은 노동가치론이 무너지면 노동자들이 착취당한다고 비난할 아무런 근거가 없다고 주장한다. 그러나 어떤 이들은 아직도 이에 대해 강력한 반대 논증을 구성할 수 있다고 생각한다.

여러분이 하루에 8시간을 노동한다고 가정해보자. 만들어내는 데 들어간 총 4시간보다 더 많은 노동에 대한 임금으로 정작 살 수 있는 것이 아무것도 없다고 할 때 여러분은 분명 어떤 상실감이 들 것이다. 우리는 확실히 노동의 불평등한 교환이 존재해왔다고 말할 수 있다. 누군가가 여러분의 노동 가운데 얼마만큼의 이익을 가져가고 있다. 이것의 진실 여부는 어떤 특정한 가치론이나 이윤론에 의해 결정되는 것은 아니다.

이제, 자본주의 사회의 노동자들이 이런 의미에서 착취당하고 있다는 것은 진실인가? 경제선진국의 유복한 노동자들은 그렇지 않을 수도 있을 것이다. 대부분의 서구 노동자들은 제3세계 노동자들보다 훨씬 더 많은 노동 시간을 자유롭게 사용할 수 있다.

서구에서의 하루치 임금으로 인도나 중국 노동자들의 몇 주일분의 노동을 구매할 수 있을지도 모른다. 이것이 착취의 진짜 모습이다(누가 착취자인가는 훨씬 예민한 문제이다). 그리고 많은 노동자들이 마르크스가 19세기 중반 영국을 배경으로 묘사했던 것과 같은 조건에서 노동하고 있다.

넓게 보아 경제학에 대한 마르크스주의적인 접근이 지닌 이점 중의 하나가 여기에 있다. 그것은 경제선진국에 사는 사람들이 다른 지역에 사는 사람들을 착취하는 방법에 대한 통찰을 제공해준다. 달리 어떻게? 영국 경제학자이며 케인스 학파인 조안 로빈슨Joan Robinson은 1940년대에 마르크스주의 경제학에 대한 짧은 책을 출판하였다. 그녀는 당시 경제학자들 중에는 소수파에 해당했으며, 정통파들에 대한 반대자였다. 그래서 마르크스에 대한 그녀의 칭송은 '나의 적의 적'이란 면모를 지니고 있었다. 그럼에도 그녀의 분석은 날카롭기 그지없는 것이었다.

그녀는 노동가치론에서 아무런 장점을 발견하지 못한 반면 자본제에 대한 마르크스주의 분석은 결코 소멸될 수 없는 훌륭한 것이라고 주장하고 있다. 그녀가 통찰하고 있는 것은 자본주의가 생존을 위해서 노동력을 제외하고는 아무것도 팔 것이 없는 노동자 계급에 의존하고 있다는 견해이다. 따라서 자본제란 '자연의 질서'가 아니며, 또 노동자와 자본가 간에 발생하는 이해관계들의 그 어떤 조화에 근거하고 있지도 않다. 이보다는 노동의 본질과 조건, 그리고 잉여가 분배되는 방식에 대한 투쟁이 항상 존재하고 있다.

그리고 로빈슨은 비록 노동이 모든 가치의 원천이라는 주장에는 동의하지 않았지만, 이것이 매우 중요한 어떤 것을 이야기하는 방식이라는 것을 알고 있었다. 자본가들은 흔히 자신들의 이윤을 오로지 생산이 이루어지도록 자본을 제공하고 있다는 사실에 근거해서 방어한다.

그러나 로빈슨은 이에 대해 필요한 것은 자본이지, 자본가가 아니라고 응답한다. 자본을 소유하는 것은 생산적인 방식이 아니라는 것이다. 이것은 궁극적으로 마르크스주의적인 반자본주의적 통찰이다. 결국 그녀는 특히 노동시장과 산업예비군에 대한 마르크스의 설명에 깊이 감명을 받았으며, 고전경제학이 신뢰하는 시장에서의 균형이란 이념은 기적일 뿐이라는 그의 생각에 깊은 인상을 받았다. 경기 순환은 우리 식으로 말할 수 있다. 그녀의 설득력 있는 주장에 따르면, 마르크스의 장기동태 분석은 자본주의의 박약한 옹호자들을 여지없이 패배시킨다.

코뮤니즘에 대한 평가

코뮤니즘이 자본주의를 계승할 것이라는 마르크스의 예언은 그의 이론의 관점에서 보아도 정당화되지 않는다는 사실을 이미 앞에서 살펴보았다. 그러나 코뮤니즘은 우리에게 사회가 어떻게 조직되어야 마땅한지에 대해 매력적인 이미지를 떠올리게 해준다.

그렇다면 우리는 그 고매한 이상(어떻게 거기에 도달할지를 걱정하면서도 말이다)의 실현에 서명하여 참여할 것인가? 이에 대해 우리는 그것이 과연 궁극적으로 합리적인 이상인지를 묻고자 한다. 여기에는 풀어야 할 네 가지 문제가 있다.

첫 번째는 가장 잘 알려져 있는 문제로서, 마르크스주의적인 코뮤니즘은 그것이 성취된다 할지라도 반드시 실패한다는 것이다. 왜냐하면 인간은 천성적으로 이기적이기 때문이라는 것이다. 마르크스가 우리에게 바라는 것처럼 우리는 쉽게 행동할 수 없다.

이런 이의는 여러 가지 강도로 제기된다. 한 극단에서는, 우리는 그저 근본적으로 이기적일 따름이어서 실제로 자기 자신만을 돌볼 뿐이라고 주장한다. 이 관점에서 보면 자본주의의 기적은 이런 자기 관심에 고삐를 매어 보편적인 선을 위해 이용하기 때문에 가능하다. 왜냐하면 자본주의 사회에서 어떤 한 사람이 자신의 이익에 봉사하는 최상의 길은 다른 사람들의 이익들에 이바지하는 그런 재화들을 공급하는 것이기 때문이다. '사적인 악덕private vice'이 '공적인 덕public virture'을 야기한다. 코뮤니즘은 이와는 대조적으로, 모든 동기유발책을 그릇된 것으로 치부한다.

이에 대한 마르크스주의의 공식적인 답은, 우리는 단순히 이것이 참임을 알지 못한다는 것이다. 그것은 아마도 자본제 아래에서 사람들이 어떻게 행동하는지를 설명해주고 있지만, 우리가 지적해야 할 것은 자본제가 이런 행동을 고무하고 강화한다는 것이다. 코뮤니즘 아래에서는 모든 것이 다를 것이다.

이제 인정하지 않으면 안 될 것은, 최소한 코뮤니즘의 초기에 어떤 일이 벌어지는지, 마르크스주의적 코뮤니즘 아래에서 사람들은 어떻게 행동할지 우리는 알지 못한다는 사실이다. 그러나 체제는 커다란 위험을 무릅쓰지 않으면 안 된다. 우리는 이것을 이해하기 위해, 인간은 모두 헌신적이고 욕심쟁이라거나 이기주의자라는 주장처럼 강력하게 뭔가를 가정할 필요는 없다.

이제 우리의 이익이 다른 사람들의 이익과 충돌할 때 우리 자신의 이익을 지키려는 경향은 재앙의 씨앗을 뿌리는 데 충분할 것이다. 트로츠키가 망명 중에 스탈린의 계획경제에 대해 비판하면서 지적했듯이, 자선가나 현명하거나 좋은 의도를 가진 계획자라면, '거의 자기 자신을 잊는다'. 지적하고 싶은 것은, 이들 계획자들이 필연적으로 부패했다거나 무능력하다고 말할 수는 없다는 것이다. 이보다는 단순히 그들이 개인적으로 그들 자신의 결정들에 어떤 영향을 받는가 하는 관점에서 사물들을 보지 않을 수 없었다고 말하는 것이 좋다. 계획이란 거대한 요소를 지닌 경제는 어떤 것이라도 손쉽게 비판될 수 있다.

비자본주의 경제가 지닌 두 번째 어려움은 협업이다. 그런 문제는 계획경제와, 사냥하고 비평하는 '자유로운 형태free-form'의 경제 모두를 괴롭힌다. 후자와 관련된 문제는 명백하다. 만일 우리 모두가 마치 '한마음을 가진' 것처럼 일한다면, 우리는 어떻게 본질적인 임무가 완성될 것이라고 보장할 수 있겠는가? 그 답은, 우리는 할 수 없다는 것이다. 이것은 실행 가능한 제안이 아니며, 또 그러리라고 생각되지도 않았다.

그러나 더욱 놀라운 것은, 계획경제도 사물들을 적절히 조정하지 못할 것이라는 점이다. 궁극적으로 계획경제는 자본제의 무정부상태를 통제하는 데 존재이유가 있지 않았던가? 그러나 그런 목표를 지니고 있었다고 해서 반드시 그렇게 할 수 있다고 추론되지는 않는다. 이에 관해서는 특히 프레데릭 하이에크Frederick von Hayek의 저작이 잘 보여주고 있다.

다음의 잘 알려진 논점은, 시장이란 환상적인 정보교환 장소라는 것이다. 가격의 변동은 부족과 잉여의 신호이다. 나아가 자본주의 시장에서 사람들은 이윤의 극대화를 추구하는 행위를 통해 이런 신호들에 답한다(사적인 악덕과 공적인 덕의 반복). 시장과 이윤동기를 제거하고 신호와 행위의 유인마저도 제거해보자. 계획입안자들이 아무리 노련하다 하더라도, 조그만 시장에서 자동적으로 일어나는 소비자들의 수요와 변화하는 시장 상황에 관한 잘 정련된 정보를 얻기는 불가능하다. 만약 이런 정보를 가지고 있다고 할지라도, 효율적으로 이에 대응하는 것은 우리가 결코 만나지 못할 선의지와 힘의 수준에 달려 있다. 그것이 지닌 명백한 매력에도 불구하고 계획경제는 성공적으로 수행되지 못한다.

세 번째 문제는, 19세기에는 거의 일어나지 않았으나 그 이후 점차 제1의 현안이 되어가는 것으로, 자연 자원들이 언젠가는 소진될 것이라는 점이다. 우리는 이런 생각을 수용하지만,

마르크스에게는 별다른 인상을 주지 못한 듯하다. 그것의 한 결과로서, 인간의 기술이 발전한다고 가정할 때에도 획득할 수 있는 생산 수준에는 한계가 있다. 세계에는 원자재가 충분하지 않은 만큼 모든 사람들이 고갈되지 않는 물질적 풍요를 얻을 수는 없다.

그렇다면 많은 것이 결국에는 이 풍요가 의미하는 바에 좌우된다. 그러나 자연 환경을 획득하는 데는 상당한 제한이 따른다. 그리고 충분히 풍요롭지 않다면, 코뮤니즘을 이루는 핵심 상황 중의 하나가 무너진다.

마지막으로 가장 심층적인 문제를 논의해보자. 마르크스의 논증의 대부분은, 이전 사회는 계급을 기반으로 분화되어 있다고 전제한다. 이때 계급 분화를 설명해주는 것은 경제이론이다. 여기에서 다음의 사항이 도출되는 것 같다. 즉, 욕구가 경제문제와 관련한 다툼으로 번지지 않아서 계급을 형성하거나 계급이 존재할 이유가 없는 상황을 끌어낼 수 있다면, 우리는 바로 여기서 계급 없는 사회를 창조할 수 있는 배경을 갖는다는 것이다. 그 결과 우리가 스스로를 집단적인 행위자로 만드는 토대는 경제적인 것이라는 주장이 나온다.

그런데 이것은 올바른 주장인가? 현실에서 우리는 여러 이유로 상호 대립하는 집단들을 만난다. 인종, 종교, 국적, 그리고 성적 차이가 분열과 투쟁을 일으킨다.

이에 대한 마르크스주의적인 대답은 모든 투쟁의 원인은 경제적인 토대를 갖는다는 것이다. 그러나 결국 이것들은 그저 도그마인 것처럼 보인다. 다른 문제들이 우리에게 중요하지 않다는 것인가? 부유한 가정에서도 싸움거리가 있듯이, 경제적으로 풍요한 사회도 분열되어 있을 수 있다. 그룹들은 여러 가지 방향으로 구성될 수 있을 것이며, 그래서 경제적인 낙원에서조차 분열이 생길 수 있다.

이런 분열은 계급 분화와 마찬가지로 심각하고도 잠재적으로 파괴적일 수 있다. 우리가 동유럽에서 보았던 것처럼 경제 외적인 분열—인종, 종교—들은 오로지 공포와 철의 손을 써서 인민들을 지배하는 고도로 권위주의적인 정부에 의해서만 통제될 수 있다. 한 번 권력이 무너지자마자 인종 분열과 집단 증오가 광포하게 떠올랐던 서구에서 이를 예견한 사람은 거의 없었다. 이를 통해 얻은 교훈은, 인간이란 마르크스주의적인 통찰에서 가정되고 있는 것보다 훨씬 더 복합적이라는 것이다.

인간 본성에 대한 사유

마르크스는 자신의 거대 이론인 잉여가치론과 역사 유물론을 믿어야 할 충분한 이유를 들지 않았다. 나아가 그는 자본주의 이후 사회에 대해 납득할 만한 설명도 하고 있지 않다. 이 모든 문제점들은 공통의 뿌리를 갖고 있다. 즉, 인간 본성에 대한 마르크스의 설명이다. 마르크스가 인간 본성과 그것의 잠재태에 관해 말하거나 암시하고 있는 많은 부분들 중, 현재 관심으로 볼 때 두 가지가 가장 중요하다. 하나는 인간의 '보편성'과 관련된 것이며, 다른 하나는 생산 활동과 관련된 것이다.

먼저 마르크스는 최소한 자본주의 이후 사회에서 '보편적인 인간'의 존재가 가능하다고 생각한 것 같다. 경제적 분열이 철폐된다면, 우리는 모든 인간 존재들에 대해 동료의 감정을 지니고 살게 될 것이다. 인종, 종교, 국적 따위의 장벽을 넘어서서 모든 인간 존재들과 연대하는 어떤 형태의 토대를 마련한다면, 우리는 협동적이면서 모든 것을 포용하는 사회를 발전시킬 수 있다. 이런 생각은《공산당 선언》의 몇몇 단평에서도 발견된다.

> "코뮤니스트들은 국가와 국적을 모두 철폐하기를 바라면서 (……) 다시 다가오고 있다. 노동자들에게는 국가가 없다. 우리는 그들이 (……) 소유하고 있지 않은 것을 그들로부터 얻어낼 수 없다. 인민들 사이의 민족적 차이와 대립은 매일같이 점점 더 사라지고 있다. (……) 프롤레타리아 계급의 패권은 그것들을 더욱 빨리 사라지게 할 것이다(M. 260)."

《공산당 선언》은 이렇게 끝맺고 있다. "만국의 노동자들이여, 단결하라!(M. 271)."

그러나 우리가 마지막 절의 끝 부분에서 물었던 것처럼, 그런 대립들을 없애는 것이 진실로 가능하단 말인가? 그들이 다른 어떤 집단들과 대립해서 살아가는 것이 본질적인 자아인가? 보편적인 협동 작업을 불가능하게 만드는 제거될 수 없는 '부족적' 요소들이 존재하는가?

우리 주변의 세계로부터 얻어낸 증거들을 보면, 우리의 감정은 국제 코뮤니즘이 어떤 현실적인 꿈이고자 할 경우 마르크스가 요구하고 있는 것보다 훨씬 더 편협하다. 나 자신만을 보면, 나는 낙관주의적으로 남아 있으면서, (국제 코뮤니즘이 욕망 가능한가의 문제가 아니라면) 인간 본성에 관한 마르크스의 생각이 옳았기를 바란다. 그러나 우리는 인간 역사에서 자신 있게 바로 이것이라고 주장할 수 있는 지점에 서 있지 않다.

이제 두 번째 논제로 가자. 출발점에서부터 우리는 인간의 활동은 본질적으로 생산 활동이며 특히 노동이라는 마르크스의 사유를 살펴보았다. 이것은 우선 초기 저작들에서 나타나는데, 마르크스의 경제이론과 역사이론에 토대를 제공한다. 노동은 모든 경제적 가치의 원천이며, 또한 역사의 추동력이다. 그러나 노동이 과연 마르크스가 말한 그런 중요성을 가지고 있는가?

만일 어떤 사람이 '본질적인 인간 행위' 하나만을 선택해야 한다면, 넓게 구성될 때 '생산 활동'은 매우 그럴듯한 후보임에 틀림없는 것 같다. 그러나 왜 본질적인 인간 활동이 하나만 있다고 가정하는가? 마르크스는 《독일 이데올로기》에서 일찍이 다음과 같이 말하고 있다.

"인간이 동물들과 구별되는 것은 의식과 종교, 그리고 여러분들이 좋아하는 다른 어떤 것에 의해서다. 그들은 자신의 생존 수단을 생산하기 시작하자마자, 동물들과 자신들을 구별해낸다(M. 177)."

이것은 매우 영리하기는 하지만, 진실로 어떤 것도 해결해주지 않는다. 왜 우리는 언급된 모든 것들이, 언어 등과 같은 다른 것들이 우리에게 본질적인 것이라고 하지 않는가?

만약 우리가 이런 다양성을 수용한다고 가정하면 어떻게 되는가? 비록 어떤 결론이 도출된다고 장담할 수는 없더라도, 마르크스의 코뮤니즘에 대해 어떤 회의를 갖게 한다. 왜냐하면 마르크스는 한 번 물질적 풍요를 획득하면, 계급 분열을 넘어서서, '낡고 추잡스러운 거래'를 다시 시작하지 않고도 코뮤니즘에 도달하는 지점에 서게 된다고 주장하고 있기 때문이다(독일 이데올로기, M. 187).

그러나 만일 생산이 수많은 인간 활동 중의 오로지 '하나'일 뿐이라면, 그렇지 않을 수도 있다. 왜냐하면 우리는 종교, 철학, 국적, 혹은 언어적 토대 등에 따라 분열되어 있기에, 우리는 아직 코뮤니즘 내에서도 분열되어 있다고 생각할 수 있을 것이다. 그리고 우리는 인간 본질과 같이 깊이 파고들어가는 심층적인 어떤 논제들에서는 상호 분열될 수 있을 것이다.

나아가 우리에게 생산적 본성과 다른 것들이 본질적인 것이라면, 마르크스의 역사이론을 지탱하기 더욱 어렵게 만든다. 마르크스의 이론은 본질적으로 인간의 다른 모든 욕구들을 지배하는 생산 욕구들에 기반을 두고 있다. 어쩌면 종교적 이유 때문에, 또는 생산력의 발전이 전통적인 삶의 형식을 위협할지도 모른다는 두려움 때문에, 우리는 스스로 생산력의 발전을 가로막을지도 모른다. 그래서 우리는 인간 존재가 본질적으로 생산적이라는 가정이, 그리고 이것이 인간의 유일한 본질적 모습이라는 가정이 마르크스에게는 왜 그토록 치명적인가를 살펴보았다. 그리고 우리는 그것을 부인하는 것이 왜 그렇게 해로운지도 살펴볼 수 있었다.

결론

결국 마르크스의 가장 거대한 이론들은 입증되지 않는다. 그러나 마르크스의 사유가 폐기될 수는 없다. 그의 저작들은 서구의 지적인 전통에서 가장 설득력 있는 것들 중의 하나이다. 그리고 옳건 그르건, 그 진가는 음미되어야 하며, 찬탄을 받아야 마땅하다. 나아가 그는 많은 진실을 말하고 있으며, 영감을 고취시키는 많은 것들을 이야기하고 있다. 그의 작업은 통찰과 계몽으로 가득 차 있다. 우리는 그런 예들을 많이 알고 있다.

마르크스가 오늘날 실존해 있다고 가정해도, 자본주의에 대해 가장 심오하면서도 가장 날카로운 비판을 한 사람이라고 단언할 수 있다. 나는 처음에 언급한 것으로 되돌아가, 이 글을 끝맺고자 한다.

"우리는 마르크스 자신이 인지한 문제들에 대한 해법에 전폭적인 신뢰를 보낼 수는 없다. 그러나 그렇다고 해서 이 문제들이 폐기되는 것은 결코 아니다."

참고문헌과 '깊이 읽기'를 위한 안내

1장에서 이야기한 대로, 마르크스를 읽기에 가장 좋은 출발점은 데이비드 맥렐란이 편집한 《카를 마르크스: 선집*Karl Marx: Selected Writings*》(2nd edn., Oxford: Oxford University Press, 2000)이다. 이 선집판에 의거한 마르크스의 작품들의 인용은 (M. 368)의 형태로 본문에 표시했다. 어떤 경우에는 마르크스 저작에서 인용했다. 《자본》1권은 1976년에 초판이 나온 펭귄 보급판을 사용했다. 이것은 본문 안에서 (자본 454)의 형태로 인용했다. 맥렐란에 포함되어 있지 않은 마르크스의 초기 저작들 가운데 어떤 것은 콜레티 판(Lucio Colletti (ed.) *Karl Marx: Early Writings*(Harmonds worth: Penguin, 1975)을 이용하기도 했다. 이 판은 (콜레티 285)식으로 표시했다.

맥렐란 판에서는 특히 《경제철학 초고*Economic and Philosophical Manuscripts*》와 《독일 이데올로기》, 《공산당 선언》,

《정치경제학 비판을 위하여》서문, 《자본》, 그리고 《고타강령 비판》을 추천하고 싶다. 마찬가지로 꼭 추천하고 싶은 것은 엥 겔스의 《공상적 사회주의와 과학적 사회주의》이다. 이것은 여 러 가지 종류의 마르크스/엥겔스 판본이나, 인터넷 문서고, www.marxists.org 등지에서 별도의 팸플릿으로 손쉽게 구해볼 수 있다. 내가 인용한 텍스트는 1954년에 출간된 러시아 프로 그레스Russian Progress Press판이며, (SUS 15)의 형식으로 표시했 다.

마르크스의 생애를 생동감 있게 서술한 책으로는 프랜시스 윈의 전기 *Karl Marx*(London: Fourth Estate, 1999)가 있다(우리나라에는 《마르크스 평전》으로 2001년 푸른숲에서 펴냈다). 더 현학적인 설 명을 바란다면, 데이비드 맥렐란의 *Karl Marx: His Life and Thought*(London: Macmillan, 1973)를 참조할 수 있다.

내가 마르크스의 초기 저작을 읽어내고 그들의 철학적 배경 을 이해하는 데는, 시드니 훅Sidney Hook의 *From Hegel to Marx*(New York: Humanities Press, 1950)에서 많은 영향을 받았 다. 그 외에도 텍스트를 설명하는 데 도움이 되었던 것들로는 맥렐란의 *Marx Before Marxism*(London: Macmillan, 1970)과 존 맥과이어John Maguire의 *Marx's Paris Writings*(Dublin: Gill and Macmillan, 1972)를 들 수 있다. 앨런 우드Allen Wood의 *Karl Marx*(London: Routledge, 1981)에는 초기 저작들뿐만 아니라, 다 른 주제들에 관한 토론들을 위해서도 도움이 되는 것들이 수록

되어 있다.

로버트 오언의 선집과 그에 관한 주석은 모턴A. L. Morton의 *The Life and Ideas of Robert Owen*(London: Lawrence and Wishart, 1962 and 1968)에서 취했다. 여기서 인용된 부분들은 마이클 로젠Michael Rosen과 조너선 울프Jonathan Wolff (eds.)의 *Political Thought, 23~26*(Oxford: Oxford University Press, 1999)에 재수록되어 있다. 이 독본들에는 짧고도 중요한 마르크스/엥겔스의 발췌문들이 많이 들어 있다.

유토피아 사회주의자들을 설명하기 위해서라면, 레세크 콜라코프스키Leszek Kolakowski의 *Main Currents of Marxism* 1권 (Oxford: Oxford University Press, 1978) 10장을 보아야 한다. 이책에는 여기서 논의된 주제들과 관련하여 더 읽을거리가 많이 들어 있다. 베른슈타인의 《진화론적 사회주의*Evolutionary Socialism*》(1899)에서의 인용은 1961년에 뉴욕 쇼켄 북스Shocken Books에서 출간된 텍스트를 이용했다.

마르크스주의 경제학에 대해 아주 명증하면서도 한껏 도움을 주는 입문서는 폴 스웨지Paul Sweezy의 *The Theory of Capitalist Development*(New York: Monthly Review Press 1942, 1970)이다. 위 텍스트에서 논의되었던 조안 로빈슨의 저작은 *An Essay on Marxian Economics*(London: Macmillan, 1942)이다. 여기에 소개된 마르크스의 역사이론에 대한 해석은 코헨A. Cohen의 *Karl Marx's Theory of History*, 2nd edn.(Oxford:

Oxford University Press, 2001)에 크게 의존하고 있다.

테렐 카버는 이 책의 주제들과 관련하여 대단히 중요한, 마르크스와 엥겔스에 대한 많은 책을 썼다. 특히 *Marx's Social Theory*(Oxford: Oxford University Press, 1982)와 *The Post-Modern Marx*(Manchester: Manchester University Press, 1998)를 보라. 특히 이 책의 5장을 추천한다. 이 장은 《독일 이데올로기》에 들어 있는 저 유명한 '아침에 사냥하고' 구절의 원저자가 누구인가를 아주 훌륭하게 설명하고 있다.

'미숙련 노동'에 관한 부분에서는 마르크스의 '노동 소외' 이론을 설명하고 있는 해리 브레이버맨Harry Braverman의 *Labor and Monopoly Capitalism*(New York: Monthly Review Press, 1974)에 크게 힘입었다.

노동가치론에 대한 반대 주장을 교묘하게 제시하는 책으로는 존 뢰머John Roemer, *A General Theory of Exploitation and Class*(Cambridge Mass.: Harvard University Press, 1982), 특히 186~188쪽을 들 수 있다.

마르크스의 경제학에 대해 행해지는 많은 비판들을 요약해놓은 책으로는 존 엘스터Jon Elster의 *Making Sense of Marx*(Cambridge: Cambridge University Press, 1985)가 있다. 여기에는 이 책에서 다루고 있는 많은 주제들과 관련하여 유용하게 사용할 수 있는 비판적인 논의들이 많이 들어 있다.

마르크스주의 경제학의 이념을 실천하려는 시도들을 설명하는 데는 알렉 노브Alec Nove의 *The Economics of Feasible Socialism*(London: George Allen and Unwin, 1983)과 *The Economics of Feasible Socialism Revisited*(London: Harper Collins, 1991. 이 책은 2001년 백의에서 《실현 가능한 사회주의의 미래》로 출간하였다) 등을 보라.

카를 포퍼의 마르크스주의에 대한 저격은 그의 책 *Conjectures and Refutations*, 4th edn.(London: Routledge and Kegan Paul, 1972. 이 책은 2001년 민음사에서 《추측과 논박》이라는 제목으로 국내에 소개하였다)에서 인용했다. 그의 공격을 더 상세하게 알려면 그의 책 *The Open Society and Its Enemies Volume 2: Hegel and Marx*, 5th edn.(London: Routledge, 1966. 이 책은 《열린사회와 그 적들》이라는 제목으로 민음사에서 출간하였다)을 참조하는 것이 좋다. 마르크스의 계급이론을 비판적으로 고찰한 것으로는 프랭크 파킨Frank Parkin의 *Marxism and Class Theory: A Bourgeois Critique*(London: Tavistock Publications, 1979)를 참고하면 좋을 것이다.

옮긴이의 말

 사람이 살 만하다고 느끼기 위해서는 단지 먹고 마실 수 있는 것만으로는 부족하다. 그럼에도 이 세계에는 먹고 마실 것도 부족하고, 정신적 양식도 충분하지 않다. 지구상에는 총량으로 볼 때 재화가 넘쳐나고 있다. 분배의 구조적 불균형과 소유가 한 계급으로 편중되어 기아와 빈곤, 착취가 전 세계적으로 아직 사라지지 않고 있다.

 2002년 6월에 열린 한ㆍ일 월드컵 전후의 기묘한 세계사적 상황을 돌아보라. 그해 봄, 세계 최강의 부자나라 미국은 9ㆍ11 테러에 대한 응징을 이유로 미사일 한 개 값보다도 더 나가는 것이라곤 아무것도 없다는 척박한 땅 아프가니스탄을 수백 발의 미사일로 뒤덮어버렸다. 지금 그 나라에는 기아와 빈곤이 넘치고 있다. 연이어 이라크에 대해서도 제국주의적 전쟁을 획책했다(2003년 3월 이후 그것은 엄혹한 현실이 되었다). 한편 그 무렵 한국과 일본에서는 월드컵이 열리면서 거의 전 세계인들이 축구에 열광하고 있었고, 수백만의 한국인들은 연일 축제 분위기 속에서 뜨겁게 달아올라 거리로 뛰쳐나왔다. 이때의 화려함과 넘치는 열정…… 국민들을 하나로 묶어 물결쳐 흐르던 '민족주의적 기호들'……. 물질과 정신을 따지기 이전에 풍요함 그 자체는 전율로 다가와 온 영혼과 몸을 뒤흔들어놓고 있었다.

그때나 지금이나, 이처럼 이중으로 교차된 역설적 상황은 바뀌지 않았다. 우리 사회의 한쪽에서 거의 주문처럼 반복되는 자유주의와 자본주의에 대한 열띤 찬양에도 불구하고, 1990년대 이후 전 지구적으로 불어닥친 신자유주의의 광풍은 불평등을 심화시킬 뿐이었다. 신자유주의에는 이미 불평등 자체가 철학적, 문화적으로 깊숙이 내재되어 있으며, 신체의 피와 살이 되어 있다.

그래서 자본 자체의 운동양식과 그 결과에 대한 질문은, 더더구나 2000년대에는 피할 수 없게 되었다. '악의 축'이라는 현실사회주의가 대부분 무너졌다면, 이 세계는 훨씬 더 평화롭고 풍요가 넘쳐나야 하지 않겠는가? 왜 국제정세는 더 불안하고 예측 불가능해졌는가? 왜 전쟁으로 넘쳐나는가? 왜 불평등은 심화되는가?

이 책은 바로 이런 상황 속에서 마르크스를 다시 읽기를 권유한다. 저자인 조너선 울프는 런던대학에서 마르크스와 마르크스주의를 강의하는 학자로서 오늘날 우리가 마르크스를 읽어야 하는 이유는 한마디로 마르크스가 제기한 문제가 아직도 해결되지 않았기 때문이라고 말하고 있다. 즉 마르크스가 생각한 대안을 모두 전폭적으로 수용하기는 어렵지만, 그가 제기한 문제는 여전히 해결되지 않은 채 남아 있고, 또 우리가 그 해결을 같이 고민하지 않으면 안 된다는 것이다.

이런 마르크스의 고민들을 그는 이 책에서 4장으로 구성해서 설명하고 있다. 2장 '초기 저작들'에서 저자는 마르크스의 초기 저작을 다루면서 마르크스가 청년기에 품었던 새로운 세계에 대한 예견과 사회비판의 출발점들을 철학적, 경제학적으로 재구성해 나간다. 3장 '계급, 역사, 그리고 자본'에서는 계급분화로부터 코뮤니즘에 이르는 이론의 체계를 서술하고, 마지막으로 4장에서는 마르크스의 이론들을 2000년의 이론적 상황에서 재평가하고 그에게서 죽은 것과 산 것을 가려낸다.

그는 이 책에서 전체적으로 경쾌한 스케치로 복잡한 문제를 쉽게 풀어 설명하고 있다. 물론 어떤 독자들은 그가 이 책에서 개진한 설명 방식에 대해 이의를 제기할 수 있을 것이다. 특히 4장 '왜 여전히 마르크스를 읽어야 하는가?'에서 마르크스 이론의 결함으로 든 노동가치론의 유효성에 대한 문제, 이윤율 하락 경향에 대한 이의 제기 등에 동의하지 않을 사람들도 많이 있을 것 같다.

그렇다 하더라도 이 책을 통해 독자들이 마르크스를 더 깊이 읽기를 바란다는 저자의 입장에는 이의가 없을 것이다.

책에 개진된 울프 교수의 입장에 대한 더 나아간 비판과 그의 테제의 발전은 이 책을 통해 한 걸음 더 깊이 마르크스를 읽어나갈 독자들의 몫이라 생각한다. 마르크스를 전체적 진리가 아니라, 부분적 진실을 드러내주는 것으로 이해한다면, 21세기에 쓰인 이 책은 마르크스를 이해하고 더 읽어나가려는 많은 사람들에게 분명 좋은 길잡이가 되어줄 것이다.

끝으로 이 책을 소개해주고, 번역할 기회를 준 도서출판 책과함께에 깊은 감사의 말씀을 드린다.

2005년 11월

김경수

찾아보기

한 권으로 보는 마르크스

1판 1쇄 2005년 11월 25일
1판 2쇄 2008년 5월 9일

지은이 | 조너선 울프
옮긴이 | 김경수
펴낸이 | 류종필

기획 | 박은봉
편집 | 조세진, 양윤주
마케팅 | 김연일

본문 디자인 | 이춘희
표지 디자인 | 이석운

펴낸곳 | 도서출판 **책과함께**
　　　　주소 서울시 마포구 서교동 373-5 동우빌딩 2층
　　　　전화 335-1982~3
　　　　팩스 335-1316
　　　　전자우편 prpub@hanmail.net
　　　　블로그 blog.naver.com/prpub
　　　　등록 2003년 4월 3일 제6-654호

ISBN 978-89-91221-13-0 03100

값 9,500원